Taschenschmöker aus Vergangenheit und Gegenwart

Taschenschmöker aus Vergangenheit und Gegenwart

Neu und wieder aufgelegt

Berlin 2014

In der Eiswüste

Erzählungen aus arktischen Regionen von

Emilio Salgari

Aus dem Italienischen von Gerd Frank

Edition Dornbrunnen

Taschenschmöker aus Vergangenheit und Gegenwart

Deutsche Texte nach den Originalausgaben, den aktuellen Rechtschreibregeln angepasst.

Übersetzung aus dem Italienischen von Gerd Frank
(I cacciatori di lupi; Un'avventura in Siberia; Fra i ghiacci del Polo Artico; Il deserto di ghiaccio; Le valanghe degli Urali)

Korrekturen und Lektorat: Meiko Richert

Die Deutsche Nationalbibliothek verzeichnet diese Publikation in der Deutschen Nationalbibliografie; detaillierte bibliografische Daten sind im Internet über
http://dnb.d-nb.de
abrufbar.

1. Auflage 2014

ISBN 9978-3-943275-08-7

Sven-R. Schulz, Dornbrunner Straße 16, 12437 Berlin
www.edition-dornbrunnen.de
Titelgestaltung: Sven-R. Schulz unter Verwendung einer Originalillustration von Alberto della Valle

Druck und Vertrieb: Book on Demand GmbH, Norderstedt
PNTS9

Inhalt

Die Wolfsjäger

(I cacciatori di lupi)

Ins Deutsche übersetzt von
Gerd Frank

Meine kleinen Leser, habt ihr noch nie jemanden über Sibirien sprechen gehört? Vielleicht ist euch dieser Name schon einige Male zu Ohren gekommen, möglicherweise habt ihr auch schon Schüttelfrost verspürt, wenn ihr ihn gehört habt. Sibirien bedeutet tatsächlich Kälte und Eis. Und sagt man nicht in der Tat während des Winters: ›Was für eine sibirische Kälte ist das?‹

Dabei ist es bei uns keinesfalls so kalt wie in diesem Land. Im Winter herrscht nämlich an den nördlichen Küsten – in Richtung Polarmeer – eine derartige Kälte, dass alles gefriert. Schnee und Eis türmen sich in den gewaltigen Ebenen und zahlreiche Eisbären und Wölfe streifen von den schneebedeckten Eisbänken in den Bergen hinunter in die südlichen Regionen, in denen es dagegen nicht kälter als bei uns ist.

Wollt ihr nicht noch mehr wissen? Im Sommer wird es in Sibirien heißer als in unseren südlichen Provinzen. Anstelle der Bären sieht man sich dann riesigen Schwärmen von Bremsen und Stechmücken ausgesetzt, die einen auffressen, wenn man nicht Gesicht und Hände mit Masken und aus Pferdehaaren gefertigten Handschuhen schützt.

Aber in bestimmten Teilen dieses riesigen Landes, das den gesamten nördlichen Teil Asiens einnimmt, ist – wie ich schon sagte – die Kälte ausgesprochen beißend. Stellt euch vor, dass die Bewohner in den Monaten Dezember und Januar ihre hölzernen Behausungen nicht verlassen können. Dort brennen Tag und Nacht die Öfen und manchmal gefrieren sogar der Wein, das Petroleum und der Rum.

Wenn die Kälte etwas nachlässt, begeben sich jene unglücklichen Menschen, die ständig gegen den Hunger kämpfen, auf die Jagd. Sie sind alle sehr tapfer und mutig und stellen sich unbeeindruckt sogar dem Eisbären und dem wilden Wolf, um sich von deren Fleisch zu ernähren und die Felle und Pelze den russischen Händlern zu verkaufen.

Die Pelze bilden sogar den wesentlichen Reichtum des Landes, denn man erbeutet mindestens 50 000 davon jedes Jahr, was Geldgewinne im Überfluss abwirft. Einige Pelze, zum Beispiel die des Blaufuchses, erbringen Verkaufspreise von 700 Lire pro Stück, die schönsten davon sogar an die 1000 Lire.

Unter den zahlreichen sibirischen Jägern habe ich einen kennengelernt, der ein ganz außergewöhnliches Ansehen unter seinen Landsleuten erlangte und der sich später in einer Stadt Russlands niederließ. Es war ein Ostjake[1], also ein Halbwilder, beinahe von riesenhafter Statur, stark wie ein Bär und mit Armen, die einen Stier hätten aufhalten können, einem sehr langen und roten Bart, zwei grauen Augen und Reflexen aus Stahl. Er hatte seit vielen Jahren an der Mündung des Ob gelebt, einem der längsten Ströme Sibiriens und durch den Handel mit Pelzen ein beachtliches Vermögen angehäuft.

1 Alter Name einer finno-ugrischen Bevölkerungsgruppe im westlichen Sibirien, die sich selbst als Chanten bezeichnen und so auch heute genannt werden.

Ich wusste, dass er auf seinen Streifzügen durch Schnee und Eis zahlreiche Abenteuer erlebt hatte und so suchte ich ihn eines Tages auf, um ihn zu bitten, das eine oder andere zu erzählen.

Wir hatten uns schon mehrmals zuvor gesehen und so kam er in der Tat zum Frühstück an Bord unseres Schiffes, das damals gerade nach Archangelsk, dem nördlichsten Hafen Russlands fahren wollte, wo besonders intensiv mit Pelzen gehandelt wird.

Ich traf ihn in seiner Kabine, die mit viel Geschmack eingerichtet war. Er war damit beschäftigt, eine riesige Pfeife zu rauchen und aus einem großen Glas, das vor ihm stand, Roggenschnaps zu trinken.

»Na, Roskow (so hieß er), Sie werden mir also heute eines Ihrer schönsten Abenteuer erzählen! Sie haben mir während Ihres Aufenthaltes in Sibirien gesagt, dass Sie alles Mögliche erlebt haben.«

Der Riese inhalierte eine gewaltige Wolke Rauch, die ihn einen Augenblick lang verhüllte, befeuchtete sich die Zunge mit einem kräftigen Schluck Schnaps und sagte dann mit schrecklich näselnder Stimme:

»Ja, ich habe auf meinen Jagden recht viel erlebt. Ich lief dabei Gefahr, von Eisbären gefressen oder von Wölfen zerrissen zu werden, befand mich im Würgegriff beißender Kälte oder drohte vom Eis zermalmt zu werden.‹

»Klingt ja nach einem ganzen Rattenschwanz von interessanten Abenteuern«, entgegnete ich lachend.

»Wenn Sie das alles erlebt hätten, würden Sie gewiss nicht lachen«, meinte der Sibirier.

»Davon bin ich überzeugt. Also, wenn es Ihnen nichts

ausmacht, dann erzählen Sie mir doch zuerst Ihr Abenteuer mit den Wölfen.«

»Und dann?«

»Na und dann die anderen. Ich gebe Ihnen dafür ein halbes Dutzend Flaschen mit ganz ausgezeichnetem englischem Gin, den Sie bereits auf unseren Brettern an Bord probiert haben.«

Da hatte ich einen schwachen Punkt meines Ostjaken berührt, der für starke Alkoholika sehr empfänglich war, was im Allgemeinen für alle Russen und Sibirier gilt.

»Diese Abmachung gefällt mir«, sagte er und lächelte. »Ich werde mir die sechs Flaschen an drei Abenden verdienen.«

»Dann beginnen wir also mit den Wölfen.«

Roskow bot mir von dem ausgezeichneten Tabak aus seinem damit prall gefüllten Beutel an, ich leerte ein Glas seines abscheulichen Likörs, und nachdem er einige Zeit intensiv nachgedacht hatte, begann er:

»In jenem Jahr hatten wir einen sehr strengen Winter gehabt. Die Mündung des Ob war mit Eisschollen bedeckt und auf dem Meer sahen wir inmitten der Wellen echte Berge schwanken, nämlich Eisberge, wie ihr Seeleute sie nennt.

Zahlreiche Eisbären waren aus der Polarregion auf großen Eisschollen hierher getrieben worden und wurden rasch zu einer ernsthaften Bedrohung all jener Menschen, welche die Dörfer bis hin zur Flussmündung bewohnen.

Von den Bergen herunter waren zudem gewaltige Wolfsrudel gekommen, um für Angst und Schrecken zu sorgen. In den Nächten war rund um die Hütten unaufhörlich ein Konzert schaurigen Geheuls zu hören. Wenn diese hässlichen Bestien, die im Allgemeinen nicht gerade mutig sind, in größerer Zahl auftreten, werden sie kühn und belagern dreist die in einsam gelegenen Hütten lebenden Menschen.

Ich war damals etwa zwanzig Jahre alt und genoss ein wenig meinen Ruf, einer der tapfersten und mutigsten Jäger zu sein. Ich hatte meine ersten Waffen unter Anleitung eines berühmten Schützen angefertigt und damit bereits zwei Eisbären, viele Seehunde und mindestens drei Dutzend Wölfe erlegt.

Als ich eines Tages Fallen für Weißfüchse vorbereitete, sah ich, wie sich ein alter Ostjake, den ich sehr gut kannte, meiner Hütte näherte.

›Was willst du, Freund?‹, fragte ich ihn.

›Du hast doch keine Angst vor Wölfen, nicht wahr?‹, fragte er.

›Nein, Worzow‹, antwortete ich.

›Dann musst du mir einen Gefallen tun.‹

›Meinen Freunden schlage ich nie etwas ab.‹

›Aber es geht dabei darum, deine Haut zu riskieren.‹

›Meine Haut ist sogar für Bären zu zäh‹, antwortete ich. ›Was soll ich tun?‹

›Mich begleiten! Meine Tochter liegt im Sterben und möchte mich vorher noch einmal sehen.‹

Einen Augenblick lang war ich verblüfft. Worzows Tochter wohnte etwa fünfzehn Meilen von der Obmündung entfernt und um zu ihr zu gelangen, musste man erst ein ausgedehntes Kiefernwaldgebiet durchqueren, das von Wölfen bevorzugt wurde.

›Wohlan, entscheide dich‹, sagte der Alte, als er bemerkte, dass ich noch zögerte. ›Du bist ein ebenso tapferer Wolfsjäger, wie ich es in meiner Jugend war.‹

›Du verstehst gewiss, mein Freund, dass wir hier die Gefahr geradezu herausfordern, auch wenn wir gute Jäger sind.‹

›Wenn du mitkommst, werde ich dir vier Rubel schenken.‹

Damals war ich sehr arm und bereits ein Zehntel eurer Lira bedeutete für mich ein kleines Vermögen.

›Ich füge noch zwei Weißfuchspelze dazu‹, sagte der Alte, um mich noch mehr in Versuchung zu führen.

›Vorwärts!‹, entgegnete ich nun entschlossen.

›Gut, ich werde dich in meinem Schlitten mitnehmen.‹

Ich war gerade mit den Vorbereitungen für meine Abreise fertig geworden, als der alte Ostjake auch schon wieder erschien. Er saß auf einem bequemen, von vier robusten Rentieren – sehr schönen Tieren – gezogenen Schlitten; die sind etwa mit den europäischen Hirschen zu vergleichen, allerdings sind sie größer. Für uns sind sie bestimmt genau so wertvoll wie für euch die Kühe, denn wir ernähren uns von ihrer Milch.

Ich nahm meine Büchse, einen Karabiner, den ich bei einem russischen Händler gekauft hatte, ausreichend Munition, ein sehr scharfes und solides Beil und sprang dann in seinen Schlitten.

Auf ein Signal des Alten verfielen die Rentiere zunächst in Galopp, um gleich darauf ein schwindelerregendes Tempo anzuschlagen. Die Kälte war zwar sehr intensiv, aber es gab dafür keinen Wind. Wenn der nämlich nicht vom Polargebiet her bläst, kann man es sogar bis an die 50 Grad unter Null aushalten, ohne daran Schaden zu nehmen.

Im Übrigen waren wir in Eisbärenfelle gekleidet und trugen mit Wolfshaaren gefütterte Kapuzen aus Robbenhaut.

Die Sonne, welche in unseren Regionen nicht über dem Horizont stehen bleibt und im Winter immer nur wenige Stunden scheint, während sie im Sommer erst nach Mitternacht untergeht, war bereits verschwunden. Die Luft war klar und die unter Eis und Schnee versunkene Ebene deshalb vorzüglich zu sehen.

Die Rentiere, vom Schnee und der langen Peitsche des Alten angetrieben, beschleunigten ihre Geschwindigkeit immer mehr. Es sah so aus, als ob die armen Tiere die ernstliche Gefahr, die uns drohte, geradezu witterten.

Wir fuhren schon eine Stunde, als wir am Horizont die ersten Kiefern des großen Waldes, den es zu durchqueren galt, wahrnahmen.

›Worzow‹, sagte ich zu dem Alten, ›lass' uns die Waffen vorbereiten.‹

›Hast du schon den ersten Wolf heulen gehört?‹, entgegnete er.

›Nein, aber ich bin mir sicher, dass wir ihn bald auf unseren Schultern tragen werden.‹

›Meine Rentiere sind schnell wie der Wind.‹

›Ja, aber auch die Wölfe haben gute Beine, mein Alter.‹

›Wir werden sie zum Laufen bringen.‹

›Worzow, lass' uns die Waffen vorbereiten‹, wiederholte ich, ›das Wild ist ganz in der Nähe.‹

›Nun gut‹, antwortete der Ostjake.

Wir öffneten die Patronenbeutel, luden die Karabiner, stellen uns in Positur und machten uns darauf gefasst, verzweifelten Widerstand leisten zu müssen.

Jetzt waren wir am Wald angekommen. Es handelte sich um einen riesigen Bestand an Kiefern, die wenigstens 50 Meter hoch waren und so breit, dass vier Männer ihre Stämme nicht umfassen konnten. Sie gaben eine großartige Kulisse ab! Ihre Äste waren schneebedeckt und auch auf ihren Wurzeln hatte sich bereits eine Eisschicht gebildet. Man hätte meinen können, dass Zauberer diesen verlassenen Ort, der von Polarwinden heimgesucht wurde, in einen einzigen Eiswald verwandelt hatten! Weil in bestimmten Abständen immer wieder Pflanzen wuchsen, konnten unsere Rentiere gleichmäßig dahin galoppieren. Gleichwohl mussten wir sehr sorgsam auf unser leichtes Gefährt achten, damit es nicht mit irgendeinem Baumstamm kollidierte und dabei zerbrach.

Wir hatten bereits einige Kilometer ohne Behinderung zurückgelegt, als plötzlich das tiefe Schweigen, das im Walde herrschte, von einem nicht enden wollenden Geheul unterbrochen wurde.

›Das ist ein schlimmes Zeichen‹, meinte ich zu dem alten Worzow.

›Es wird halt ein allein lebender Wolf sein‹, entgegnete dieser.

›Nein, es ist ein Späher, Worzow.‹

›Glaubst du?‹

›Ich täusche mich ganz sicher nicht‹, antwortete ich.

›Also einer, der zu einem großen Rudel gehört?‹

›Ja und er hat in uns eine verlockende Beute entdeckt. Freund Worzow, wir müssen auf der Hut sein.‹

›Unsere Karabiner sind geladen‹, entgegnete der alte Jäger gelassen.

Nach jenem ersten Geheul herrschte wieder ein kurzes Schweigen, das dann aber durch das dröhnende Getrampel unserer Tiere abgelöst wurde. Bereits ein paar Minuten später wiederholte sich das unheimliche Geheul, diesmal aber aus der Nähe.

Ich wurde unruhig und bezweifelte nun, dass es sich bei jenem Wolf um einen Späher gehandelt hatte. Das Geheul, das in längeren Abständen immer wieder zu hören war, musste irgendetwas anderes bedeuten.

›Worzow‹, sagte ich, ›lass' uns von hier verschwinden.‹

›Warte, bis sich das Tier zeigt!‹, entgegnete der Alte und trieb die Rentiere zu noch schnellerem Lauf an.

Jetzt glaubte ich, dass rechts neben mir ein Ast zersplittert war, drehte mich rasch um und sah etwa hundert Schritte von uns entfernt das Tier, welches jenes Geheul verursacht hatte.

Es war ein riesiger, aber derart abgemagerter Wolf, dass man seine Rippen zählen konnte, der aber beinahe so groß wie ein Neufundländer war.

›Siehst du ihn?‹, fragte ich Worzow.

›Ich sehe ihn und denke, dass er sehr hungrig ist‹, antwortete der Alte. ›Er wird glauben, dass er sich an unserem Fleisch gütlich tun kann, doch da täuscht er sich!‹

Mit einem schrillen Schrei hielt er seine Rentiere an, nahm den Karabiner hoch und zielte bedächtig auf den Wolf. Der war sofort stehen geblieben, als er uns mit einer gewissen Unruhe bemerkt hatte. Vielleicht spürte er, dass er in Gefahr war und so öffnete er die Kiefer, die mit langen und spitzen Zähnen versehen waren; dann stieß er ein durchdringenderes Geheul aus als beim ersten Mal.

Worzow drückte ab, dem Schuss folgte schrilles Geheul. Der Wolf, von der unfehlbaren Kugel des alten Jägers getroffen, fiel nach vorn in den Schnee, der sich sofort blutrot färbte. Ich war gerade vom Schlitten gesprungen, um ihn aufzunehmen, als ich Worzow schreien hörte:

»Los, galoppieren wir weiter, da sind sie!«

Ein ohrenbetäubender Lärm und beängstigendes Geheul erhob sich nun mitten im Wald; ich hatte kaum noch Zeit, auf dem rückwärtigen Teil des Schlittens Platz zu nehmen. Die Rentiere waren wie rasend losgestürmt, wobei sie ihr Geweih verzweifelt schüttelten.

Einen Augenblick später sah ich, wie dreißig oder gar vierzig graue Wölfe aus dem Dickicht auftauchten; sie waren alle ausnehmend groß.

›Nicht schießen‹, schrie Worzow, der bemerkt hatte, dass ich das Feuer auf das hungrige Rudel eröffnen wollte.

›Wir sind doch in Schussweite!‹, sagte ich.

›Lass' es sein oder sie werden uns überstürzt angreifen.‹

Ich senkte mein Gewehr und beobachtete in großer Angst das Rudel. Die Wölfe hatten es wirklich auf uns abgesehen. Sie waren schneller als unsere Rentiere gewesen und hatten nun eine Art Halbkreis um uns herum gebildet. Jetzt zogen sie es vor, zwei von ihnen vorauszuschicken. Von Zeit zu Zeit ließen sie ihr schauriges

Geheul hören, wie wenn sie es darauf anlegten, uns vor dem Angriff noch gehörig zu erschrecken.

Unsere armen Rentiere, die begriffen hatten, dass ihre Rettung von der Schnelligkeit ihrer Beine abhing, beschleunigten ihren Lauf. Dank der Tüchtigkeit des alten Jägers gelang es ihnen, auf dem richtigen Weg zu bleiben. Ein einziges Hindernis hätte genügt, um unseren Schlitten in tausend Teile zu zerschmettern oder direkt in die Mitte der Wölfe zu fallen. Ich war kaum mehr imstande, mich zurückzuhalten und den Abzug meines Gewehrs zu betätigen. Deshalb fragte ich unentwegt:

›Darf ich jetzt das Feuer eröffnen?‹

Doch stets antwortete der alte Ostjake:

›Noch nicht.‹

›Die Wölfe werden uns aber bald erreicht haben!‹

›Ich sage dir noch einmal, dass du nicht schießen sollst, wenn dir dein Leben lieb ist.‹

Worzow hatte recht. Auch wenn die Wölfe ausgehungert sind, so fürchten sie den Menschen im Allgemeinen und zögern, selbst wenn sie zahlreich sind, anzugreifen. Doch wenn sie gereizt werden oder Blut gerochen haben, werden sie wütend und niemand kann sie mehr zurückhalten.

Gleichwohl schien der Augenblick des Angriffs bevorzustehen. Unsere Rentiere, die von den zwei Stunden erschöpft waren, zeigten Anzeichen von Müdigkeit und jetzt hatten uns die Wölfe wirklich erreicht. Keine fünfzehn Minuten waren vergangen, als die ersten Tiere, allen voran ein außergewöhnlich großer Wolf, sich von der rechten Seite her dem Schlitten näherten.

›Worzow‹, schrie ich, ›sie sind neben mir.‹

Der alte Jäger drehte sich um und versetzte dem nächststehenden Wolf mit seiner langen Peitsche drei oder vier kraftvolle Hiebe, was diesem ein Schmerzgeheul entlockte. Offenbar von diesem Empfang erschrocken, verlangsamten seine Gefährten ihren Lauf und gruppierten sich nun um den Schlitten.

Die Rentiere, von der Peitsche und der Stimme des alten Worzow angetrieben, bemühten sich verzweifelt, den Angriff der ausgehungerten Tiere zu verzögern. Trotz der schneidenden Kälte keuchten und schwitzten sie sehr stark.

Die armen Tiere konnten nicht mehr, die ständige Überanstrengung hatte sie erschöpft. Die Wölfe hingegen kamen immer näher. Der große Wolf, der von links her gekommen war, sprang mit einem gewaltigen Satz auf den Schlitten zu und versuchte, sich auf mich zu stürzen. Ohne zu zögern, schoss ich auf ihn; er rollte mit gespaltenem Schädel in den Schnee.

Worzow hatte sich bei meinem Schuss umgedreht und gesagt:

›Das war unvorsichtig. Jetzt müssen wir weitermachen.‹

Als die anderen Wölfe ihren Gefährten so liegen sahen, fielen sie wild über ihn her. Sie bissen und verkeilten sich, dabei heulten sie furchterregend. Nur kurze Zeit benötigten sie, um diese ihre erste Beute verschwinden zu lassen … Verärgert über die wenigen kleinen Happen, wandten sie sich dann voller Blutdurst wieder uns zu.

Die Rentiere hatten die kurze Atempause genutzt,

um eine Distanz von etwa hundert Schritten zurückzulegen. Doch der kleine Vorsprung war schnell verloren und die Wölfe tauchten wieder an den Seiten des Schlittens auf.

Worzow hatte die Zügel am vorderen Balken des Gefährts befestigt und sein Gewehr in die Hand genommen.

›Vertrauen wir dem Weitblick dieser Tiere‹, sagte er. ›Hoffen wir, dass wir weit genug von Baumstämmen entfernt sind.‹

Dann sprang ein anderer Wolf, nachdem er kurz gezögert hatte, auf uns zu. Ich feuerte auf ihn, verfehlte ihn jedoch. Statt auf den Schlitten zu springen, schnappte das Tier nach meinem Bein. Der alte Worzow schlug mit dem Kolben seines Karabiners auf ihn ein, dann drehte er die Waffe wieder um und zwei Schüsse mitten in das Rudel hinein ergaben zwei weitere Opfer.

›Schieß in die Mitte‹, rief er mir zu. ›Hör nicht auf, wenn du deine Haut retten willst.‹

Die Wölfe hatten sich inzwischen erneut über die Kadaver ihrer Gefährten hergemacht.

Wir benutzten diesen kleinen Halt dazu, unsere Waffen neu zu laden! Als uns die heißhungrigen Tiere dann weiter verfolgten, gaben wir eine Salve ab und erlegten drei weitere Tiere.

›Gute Schüsse!‹, schrie der Alte, der sich an der Situation offenbar zusehends begeisterte.

›Beachte, dass wir noch mehr als dreißig von ihnen töten müssen.‹

›Das Dorf, in dem meine Tochter wohnt, ist ganz in der Nähe‹, sagte Worzow.

›Wie weit entfernt ist es denn noch?‹

›Nicht mehr als zwei Kilometer.‹

›Werden die Rentiere das noch schaffen? Ich habe den Eindruck, dass sie gleich umfallen werden.‹

›Sie werden durchhalten‹, sagte Worzow. ›Nun denn, eine neue Salve!‹

Ungeachtet ihrer schweren Verluste verfolgten uns die Wölfe weiterhin mit unglaublichem Eigensinn, wobei sie verzweifelt heulten. Jetzt ließen sie sogar davon ab, die Kadaver ihrer toten Gefährten zu verschlingen; vielleicht hatten sie begriffen, dass diese Pausen verhängnisvoll für sie waren.

Sie waren uns nun ganz nahe und bedrohten vor allem unsere armen Tiere. Wir schossen weiterhin auf sie, jetzt aus unmittelbarer Nähe. Ein Wolf war einem unserer Rentiere an die Kehle gesprungen und versuchte, es zu Fall zu bringen, aber Worzow erschoss ihn kaltblütig aus kürzester Entfernung.

Der gefürchtete Augenblick war gekommen: Von allen Seiten stürzten sich die Wölfe auf uns. Wir hatten die Gewehre fallen lassen, denn es gab keine Zeit mehr, sie neu zu laden. Also nahmen wir unsere Beile, schlugen blindlings um uns, spalteten Köpfe und hieben auf die Rücken der Tiere ein. Schon betrachteten wir uns als endgültig verloren, als plötzlich unter den Baumstämmen ein Trupp bewaffneter Männer auftauchte.

›Halt aus, Worzow!‹, schrien sie und gaben eine fürchterliche Salve auf das ausgehungerte Rudel ab.

Unsere Retter waren die Bewohner jenes Dorfes, in dem die Tochter des alten Ostjaken lebte. Sie hatten rasch begriffen, dass Wölfe es auf irgendeinen Schlitten abgesehen haben mussten, als sie unsere Schüsse gehört hatten, und waren daher in stattlicher Anzahl aufgebrochen, um Hilfe zu leisten.

Nach dieser neuerlichen Salve waren die Wölfe endgültig geflohen, sie hatten sich in den Wald zurückgezogen. Beinahe wären sie am Ziel gewesen …

Aber dieser teuflische Wettlauf war letztlich umsonst gewesen. Denn gerade, als wir das Dorf erreichten, erlosch das Leben der Tochter des alten Ostjaken; es war ihr nicht vergönnt gewesen, ihren Vater noch einmal zu sehen und von ihm getröstet zu werden.«

Ein Abenteuer in Sibirien

(Un'avventura in Siberia)

Ins Deutsche übersetzt von
Gerd Frank

»Als ich das Abenteuer erlebte, welches ich jetzt erzähle«, sagte Roskow, der Sibirier, eines Abends, »war ich kein junger Mann mehr, sondern bereits einer der berühmtesten Jäger an der Mündung des Flusses Ob.

Obwohl der Winter in jenem Jahr sehr kalt gewesen war, hatte sich viel Eis an den Ufern des Meeres und der Flussmündung angesammelt. Die Schifffahrt war vollständig unterbrochen, denn alles war zugefroren. Ich hatte zahlreiche Streifzüge bis ans Meer unternommen, in der Hoffnung, dabei auf Bären zu treffen, doch es war jedes Mal vergeblich gewesen.

Diese Misserfolge betrübten mich nicht wenig, denn ich hatte einem russischen Händler ein halbes Dutzend Raubtierfelle versprochen.

Eines Tages suchte mich nun ein junger Samojede[1], eine Art Wilder, den ich bereits seit Langem kannte und der mir schon mehrmals Felle von Wölfen, Zobeln und Füchsen verkauft hatte, in meiner Hütte auf.

›Vater Roskow‹, sagte er zu mir, ›ich weiß, dass du Eisbären suchst.‹

›Hast du denn welche gesehen, Katiko?‹, fragte ich ihn und erhob mich rasch.

›In der Tat, das habe ich, Vater Roskow‹, antwortete er.

›Und wo?‹

---

[1] Angehörige einer im westlichen Sibirien lebenden Bevölkerungsgruppe.

›Sie sind gestern Morgen auf großen Eisschollen hier gelandet, die von den Wellen hierher an unseren Strand getrieben worden sind.‹

Sie müssen wissen, mein junger Freund«, fügte Roskow erklärend hinzu, »dass die ewig hungrigen Eisbären, sobald es am Pol gefriert, die Angewohnheit haben, sich auf Eisschollen zu begeben und dann von Wellen und Strömung befördern zu lassen. Bei der ersten Kälte ziehen nämlich die Seehunde und Robben, welche von Amphibien leben, in Richtung Süden ab, sodass die Eisbären, welche sich von diesen Tieren ernähren, gezwungen sind, ihnen zu folgen, wenn sie nicht verhungern wollen.

Das Problem dabei ist, dass Seehunde und Robben perfekte Schwimmer sind, welche fast immer nur im Wasser leben, während die Eisbären Landtiere sind. Aber auch bei ihnen gibt es Schwimmer, denn einige haben schon 30 oder gar 40 Meilen bis zum nächsten Landstrich zurückgelegt. Aber natürlich können sie nicht die 500 oder 600 Meilen bewältigen, welche Sibirien vom Pol trennen. Weil sie den Seehunden und Robben also auf ihrer Wanderung nicht folgen könnten, wie ich eben gesagt habe, lassen sie sich einfach auf gut Glück auf solchen Eisschollen nieder und so gelingt es ihnen gelegentlich, zu einem unserer sibirischen Strände zu gelangen. Oft allerdings werden die sie befördernden Eisschollen in weniger kalte Gebiete abgetrieben, wobei diese vom Wasser immer mehr abgenagt und schließlich ganz zerstört werden; am Ende müssen die Bären, eng aneinander gedrückt, regelrecht ertrinken.

Sie können sich vorstellen, dass ich – als ich Katikos

Vorschlag hörte – sofort einverstanden war, mit ihm nach den Bären zu sehen. Ich wusste, dass er ein guter Jäger war und gab ihm deshalb einen zweischüssigen Karabiner mit genügend Munition, dann steckten wir uns einige lange Messer in den Gürtel, versahen uns mit Proviant und verließen die Hütte, um auf der rechten Uferseite des Ob entlang zu gehen.

Der Fluss war zugefroren, aber die Eisschollen an der Mündung waren mit unendlich vielen Seevögeln bevölkert, welche mit ihrem Geflatter einen höllischen Lärm veranstalteten.

Es waren Legionen von Möwen, Sturmschwalben und unheilverkündenden Sturmvögeln, welche ja Gefallen daran finden, sich mit dem machtvollen Wüten der Orkane zu unterhalten, außerdem Seetaucher und Pelikane, diese mit riesigen Schnäbeln ausgestatteten hässlichen Großvögel, welche über eine Art Sack verfügen, in dem sie die Fische verwahren, die sie sehr geschickt erbeuten.

Nach einem anstrengenden Marsch von vier Stunden kamen ich und Katiko am Meeresufer an.

Was für ein Schauspiel bot das Arktische Meer! Soweit unsere Blicke auch reichten, sahen wir nichts als kolossale Eismassen, welche chaotisch nebeneinanderlagen. Es waren riesige Eisbänke, welche eine Ausdehnung von mehreren Meilen hatten, jedoch in große Stücke zerbrochen waren und einen Blick auf das Tintenblau des Meeres freigaben. Es waren Eisberge von seltsamer Form, welche entweder wie Bogengänge, baufällige Burgen oder halbzerstörte Kuppeln aussahen.

›Ich sehe keinen Bären‹, sagte ich zu Katiko, nachdem ich das Eis aufmerksam betrachtet hatte. ›Glaubst du, dass sie gemerkt haben, dass wir uns nähern?‹

›Du weißt, Vater Roskow, dass sich diese Tiere nie irgendwo länger aufhalten‹, antwortete der Samojede. ›Gestern Abend habe ich zwei, begleitet von zwei Jungtieren, auf diesem Eis gesehen.‹

›Das war eine ganze Familie.‹

›Ja, Vater Roskow. Sie hatten einen Seehund getötet und waren dabei, ihn zu verschlingen.‹

›Wir werden sie finden‹, sagte ich. ›Bauen wir uns einen Unterschlupf und warten wir, bis die Sonne untergeht.‹

An Material fehlte es nicht. Wir hackten mit unseren Jagdmessern Blöcke aus dem Eis, schichteten sie aufeinander und zementierten das Ganze mit Schnee, sodass eine kuppeldachförmige Hütte entstand, die genügend Möglichkeit bot, uns beide aufzunehmen.

Es mag Ihnen merkwürdig erscheinen, doch in einer solchen Eishütte ist es ganz angenehm und überhaupt nicht kalt. Unsere Körper reicht aus, um die Temperatur recht erträglich zu machen. Da ich eine Lampe mit Spiritus bei mir hatte, kochten wir uns heißen Tee, zündeten unsere Pfeifen an und warteten geduldig auf den Sonnenuntergang.

Als über dem Meer und der Ebene, auf der wir uns befanden, Finsternis lag, stopfte ich in eine Dose Fett und einen Köder als Lockmittel, zündete sie an und legte den Behälter dann in einer Distanz von etwa 500 Schritten vor unserer Eishütte aus. Eisbären haben einen wundersamen Geruchssinn und wittern den Geruch von brennendem Fett über mehrere Meilen hinweg. Sie stellen sich wohl Personen beim Kochen vor und eilen schnell herbei, um an dem Mahl teilzunehmen oder möglicherweise die Köche selbst zu verzehren.

Ich hatte mich in meiner Annahme nicht getäuscht. Es war noch keine Stunde vergangen, als sich Katiko, der die Umgebung durch ein Loch in der Wand unserer Behausung beobachtete, an mich wandte und meinte:

›Vater Roskow, die Bären nähern sich.‹

›Wie viele sind es?‹, fragte ich ihn.

›Es ist die Familie, die ich gestern gesehen habe.‹

›Also zwei Bären und zwei Jungtiere?‹

›Ja, Vater Roskow.‹

›Das sind zu viele für uns, doch wir werden sie nicht entkommen lassen.‹

›Wir werden schießen und hier in der Hütte bleiben.‹

›Ja, Katiko‹, entgegnete ich. ›Es wäre unvorsichtig, sie draußen anzugreifen.‹

›Und wenn sie nach den Schüssen fliehen?‹

›Wir werden mutig sein und sie verfolgen. Lass' mich mal sehen.‹

Ich trat an das Loch heran und schaute in die von dem Samojeden angegebene Richtung. Obwohl seit ein paar Stunden die Nacht hereingebrochen war, verbreitete die Spiegelung des Eises genügend Licht, um alle möglichen Gegenstände – auch aus größerer Entfernung – zu erkennen. Ich sah die Bärenfamilie sofort.

Das Männchen, das ziemlich groß und besser als das Weibchen entwickelt war, ging der Gruppe voran. Es hatte riesige Ausmaße und war eines der größten Tiere, das ich bis jetzt gesehen hatte; es maß vom Maul bis zum Schwanz nicht weniger als drei Meter. Der Bär näherte sich misstrauisch, wobei er unentwegt den Kopf schüttelte. Alle zehn oder zwölf Schritte blieb er stehen, wie um die Lage zu prüfen. Etwa zwanzig Meter hinter ihm kam das Weibchen mit den beiden Jungen, welche ahnungslos von der Gefahr, in der sie schwebten, immer wieder gemeinsam in den Schnee sprangen und sich dort umher rollten. Sie waren groß wie Neufundländer und auch sie konnten uns bei einem Angriff gefährlich werden.

›Kommen sie auf uns zu?‹, fragte Katiko.

›Ja, der Fettgeruch zieht sie an‹, antwortete ich. ›Aber sie kommen mir recht misstrauisch vor.‹

›Sollen wir ihnen entgegen kriechen, Vater Roskow?‹

›Diese Unvorsichtigkeit werden wir nicht begehen, Katiko‹, antwortete ich. ›Wir warten zunächst darauf, dass sie in Schussweite kommen.‹

Das Eisbärenmännchen, gewiss ein sehr schlaues, altes Tier, näherte sich vorsichtig immer mehr. Schließlich entdeckte er auf seinem Weg eine Erhebung aus Eis, befeuchtete sie mit Spucke und betrachtete dann die Ebene. Der Bursche musste schon in der Nähe unserer Hütte sein; bevor er weiter marschierte, wollte er sich vergewissern, wie viele Personen sich darin befanden.

Einen kurzen Augenblick verharrte er, doch sein Appetit schien größer als seine Vorsicht zu sein, denn wir sahen, dass er das Tempo beschleunigte und sich nun auf uns oder besser gesagt auf die Dose mit dem Fett zu bewegte, welche jetzt von den Flammen aufgelöst war.

›Vorsicht, Katiko‹, sagte ich zu dem Samojeden. ›Der Gauner kommt näher! Jetzt öffne ich ein Loch.‹

Mit dem Messer zerbröckelte ich das Eis und nach wenigen Augenblicken öffnete ich ein Fenster.

Der Bär war schon 200 Meter nahe. Mit einem letzten Rest von Misstrauen blieb er weiterhin jede Minute stehen, witterte nun noch häufiger und bewegte sich dann auf die Fettdose zu, welche auf den Vielfraß einen unwiderstehlichen Reiz ausübte.

Ich hatte den Karabiner auf ihn angelegt und zielte.

Katiko dagegen achtete auf die Bärin, welche einige Schritte weiter zurück neben ihren beiden Jungen stehen geblieben war.

›Feuer!‹, schrie ich und zwei Schüsse wurden beinahe gleichzeitig abgegeben.

Der Bär hatte einen schrillen Schrei ausgestoßen und war, indem er sich überschlug, in den Schnee gefallen. Auch das Weibchen war getroffen worden, denn wir sahen, dass es zu ihrem Männchen humpelte.

›Sie gehören uns!‹, rief ich und stürzte aus der Hütte.

Doch ich hatte den Sieg zu früh bejubelt.

Eisbären besitzen wie die Grislybären der Rocky Mountains in Nordamerika eine außergewöhnliche Lebenskraft; es ist schwierig, sie mit einer einzigen Kugel zu töten, wenn diese nicht gerade ins Herz oder ins Gehirn trifft. Manchmal überleben sie sogar mit acht oder gar zehn Kugeln im Körper.

Gerade als wir bei dem Männchen angekommen waren, erhob es sich auf den Hinterbeinen und stürmte mit unwiderstehlichem Eifer auf uns zu. Sein gelbes Haar war blutbefleckt, doch schien das Tier nicht schwer verwundet zu sein.

Der Angriff kam so unerwartet, dass wir nicht einmal daran denken konnten, erneut zweimal auf ihn zu schießen. Katiko, der sich neben mir befand, wurde von dem riesigen Tier sofort ergriffen, das ihn gleich an seine Brust presste, um ihn mit seinem dicken Pelz zu ersticken.

Der tapfere Samojede verfügte aber noch über eine andere Waffe: Da er die Taktik der Bären kannte, presste er ein Knie gegen den Bauch des Tieres und zog sein Jagdmesser hervor.

Ich konnte ihm nicht zu Hilfe eilen, weil sich die Bärin, wohl in der Hoffnung, das Gleiche mit mir zu tun, auf mich gestürzt hatte. Mit einem Sprung vermied ich die beklemmende Begegnung und richtete das Gewehr auf sie. Ich schoss ihr ins Maul und zerschmetterte ihr dabei einen Kiefer. Als ich sah, wie sie zurückwich, nutzte ich dies, um mich dem Männchen zuzuwenden, packte das Gewehr und versetzte ihm mehrere kräftige Hiebe mit dem Kolben, um es so zu zwingen, seine Beute fahren zu lassen.

›Fliehen wir!‹, rief ich dem Samojeden zu, als ich sah, dass er losgekommen war.

Der arme Junge hatte tiefe Wunden auf dem Rücken davongetragen und die Jacke war zerrissen. Aber es war nichts Ernstes. Er ergriff das Gewehr, das ihm bei dem Kampf entfallen war und dann beeilten wir uns, um in unserer Hütte Zuflucht zu suchen. Mit einigen Eisträmmern verstopften wir die Öffnung, die uns als Eingang diente, dann wandten wir uns den Löchern zu.

Die Bären waren uns nicht gefolgt, doch noch waren wir ihnen zu nahe, um ruhig sein zu können. Wir kannten diese Tiere zu gut, um uns über ihre wahren Absichten zu täuschen.

›Katiko‹, sagte ich, ›wir sollten uns auf eine regelrechte Belagerung vorbereiten.‹

›Werden sie uns angreifen, Vater Roskow?‹, fragte der Samojede.

›Dessen bin ich mir sicher‹, antwortete ich. ›Glücklicherweise haben wir Proviant für einige Tage und auch an Patronen mangelt es nicht.‹

Während die Bären noch mit dem Angriff zögerten, untersuchte ich die Verletzungen des jungen Samojeden. Er hatte zwei tiefe, schmerzhafte Wunden abbekommen, sie waren aber nicht ernsthafter Natur. Ich wusch sie mit etwas Branntwein aus und verband sie dann. Gerade war ich damit fertig, als ich sah, wie die zwei Bären mit ihren Jungen auf uns zukamen.

Beide hatten einen blutbefleckten Pelz und auch der Schnee war mit Blut getränkt. Vor allem das Männchen, das eine Kugel von mir in der Brust hatte, schien – seinem Geheul nach – besonders zu leiden.

›Sie haben beide eine unglaubliche Widerstandskraft‹, sagte Katiko.

›Ja, ihre Kraft ist noch so groß, dass sie unsere Behausung zerstören können‹, entgegnete ich. ›Diese Tiere haben eine sehr dicke Haut, mein junger Freund. Oh, diese Gauner!‹

›Was ist los, Vater Roskow?‹

›Die Bären schlagen einen Bogen um unsere Hütte, damit wir nicht auf sie schießen können‹, antwortete ich. ›Wir werden andere Schießscharten öffnen müssen.‹

›Fangen wir an, Vater Roskow!‹

›Ich denke aber, dass dies unsere Hütte schwächen wird.‹

›Dann versuchen wir eben, sie wieder zu verstärken.‹

Wir waren gerade dabei, uns an die Arbeit zu machen, als wir draußen ein dumpfes Grunzen vernahmen. Die Bären hatten in schnellem Tempo unsere Behausung erreicht und versuchten nun, sich durch die Felsbrocken aus Eis einen Einlass zu erzwingen.

Ich spürte, wie meine Unruhe wuchs. Auch Katiko, an sich ein tapferer Mann, war blass geworden.

›Vater Roskow‹, sagte er mit merklich veränderter Stimme, ›sollen wir diesen Tieren wirklich als Abendmahlzeit dienen?‹

›Ich gehe davon aus, dass wir ihr Fleisch verzehren werden‹, antwortete ich ihm, um ihm Mut zu machen. ›Wir gehören nicht zu den Männern, die sich in zwei Happen verspeisen lassen.‹

›Was machen die Bären, wenn sie uns nicht mehr riechen? Ich bekomme langsam Angst, Vater Roskow.‹

›Sie werden versuchen, sich irgendwie Einlass zu verschaffen.‹

Ich gestehe, dass mich die Stille beunruhigte. Ein ungestümer Angriff wäre mir lieber gewesen. Dann lehnte ich ein Ohr an die Wand, doch zu meiner Verblüffung hörte ich nichts.

Nun schaute ich durch die beiden Löcher, sah aber auch nichts.

›Sind sie weg?‹, fragte der junge Samojede, in dessen Augen ein Hoffnungsschimmer glomm.

›Das glaube ich nicht‹, antwortete ich. ›Sie hoffen

bestimmt, dass wir annehmen, sie hätten sich verzogen und darum so unvorsichtig sind, hinauszugehen; vielleicht denken sie aber auch, dass wir uns irgendeiner geheimnisvollen Tätigkeit widmen.‹

›Sind sie tot? Sie waren ja beide verletzt und ziemlich übel dran.‹

›Du darfst dir nicht zu viel erhoffen, Katiko‹, entgegnete ich.

Nach einer Weile erregte ein unangenehmes Gequietsche, das von oben kam, meine Aufmerksamkeit. Unbewusst lehnte ich mich an die Wand und sagte zu dem Samojeden:

›Pass' auf!‹

›Was ist los, Vater Roskow?‹, fragte der Samojede erschrocken.

›Die Bären klettern auf die Kuppel.‹

›Sie werden sie durchbrechen.‹

›Das befürchte ich auch, Katiko.‹

›Lass' uns fliehen, Vater Roskow.‹

›Nein, mein Junge. Solange die Kuppel widersteht, werde ich nicht so dumm sein und meine Nase aus der Tür strecken. Du weißt, dass die Bären gut laufen können. Drum sei still; wir wollen lauschen.‹

Die Bären kratzten mit ihren Krallen an unserer Kuppel, aber die Eisstücke, welche aufgrund der starken Kälte nun perfekt miteinander verbunden waren, widerstanden dem enormen Gewicht der beiden Riesen. Fast hätte man sagen können, dass unsere Hütte aus einem einzigen Block bestand. Dennoch wuchs unsere Besorgnis. Mit ihrer beständigen Kratzerei würden die Bären letztlich zweifellos eine Öffnung erzwingen.

Ich und Katiko lehnten, die Gewehre in den Händen, an der Wand und warteten auf den Augenblick, dass wir schießen konnten; dabei standen wir große Angst aus. Denn die soliden Krallen dieser Raubtiere, die hart wie Stahl waren, kratzten noch immer; dazu hörten wir das Brummen der beiden Tiere. Sie gerieten sicher in Wut, weil die Kuppel derart Widerstand leistete.

Plötzlich polterte ein größerer Eisblock, der an der Decke angebracht gewesen war, auf den Boden unserer Hütte und zersplitterte mit großem Getöse. In der entstandenen Öffnung erschien der Kopf des Eisbärmännchens.

Das Ungeheuer streckte ein Bein aus, um sich besser hochzustemmen und so die anderen, bereits gelockerten Felsbrocken zu beseitigen.

›Schieß, Katiko!‹, schrie ich.

Wir legten die Gewehre an und feuerten gleichzeitig, doch es war schon zu spät. Sofort hatte sich das Tier, das unsere Bewegungen bemerkt hatte, zurückgezogen und unsere Schüsse hatten nichts anderes bewirkt, als unsere kleine Kammer mit Rauch zu füllen.

Wir luden die Waffen erneut, denn der Bär würde bald wieder auftauchen.

Lange brauchten wir nicht zu warten. Es war noch keine halbe Minute verstrichen, als er seinen Kopf wieder durch die Öffnung streckte; dabei bemühte er sich außerordentlich, das Loch zu vergrößern.

›Schieß, Katiko!‹, wiederholte ich.

Dann gaben wir vier Schüsse ab. Der Bär, voll im Kopf getroffen, verschwand.

Die inzwischen zerstörte Kuppel widerstand diesem

Gewicht nicht länger und stürzte zusammen mit dem Tier ein. Dass wir dabei nicht zerschmettert wurden, war ein wahres Wunder.

Das Raubtier war tot, aber noch war das Weibchen draußen, das wir wild heulen hörten. Wütend wegen des Todes ihres Gefährten, war es darauf aus, ihn zu rächen.

›Katiko‹, sagte ich, ›verlier' nicht den Mut, wenn dir dein Leben lieb ist.‹

›Lass' uns fliehen, Vater Roskow‹, sagte der arme Junge, dessen Zähne vor Angst klapperten.

›Bewege dich nicht, wenn du gerettet werden willst.‹

›Das Weibchen klettert hoch.‹

›Lass' es nur kommen.‹

Die Bärin befeuchtete die Eisbrocken, mit welchen wir zuletzt die Kuppel gebildet hatten, mit Spucke und riss sie nieder. Inzwischen hatten wir die Gewehre wieder geladen. Mit einem Mal erschien das Raubtier. Es richtete sich auf den Hinterbeinen auf und ließ sich dann einfach in die Hütte fallen. Dabei versuchte es, uns mit seinem enormen Gewicht zu erdrücken.

Katiko wurde umgerissen, ich dagegen hatte glücklicherweise Zeit gefunden, mich an die Wand zu drücken.

Ohne den Mut zu verlieren, legte ich den Karabiner an und schoss sorgfältig. Das Raubtier drehte sich zu mir um und wollte mich beißen, hatte aber keine Zeit mehr dazu. Der Tod hatte die Bärin überrascht, schwer streckte er sie auf den Boden.

›Wir sind gerettet!‹, schrie ich Katiko zu.

Der arme Junge antwortete nicht. Er war bewusstlos

und hatte sich zwei Rippen gebrochen. Doch die konnten ja glücklicherweise heilen und jetzt ist er wieder gesund, munter und freut sich des Lebens.«

Im Treibeis der Arktis

(Fra i ghiacci del Polo Artico)

Ins Deutsche übersetzt von
Gerd Frank

»Kennen Sie Walrosse?«, fragte mich Vater Roskow eines Abends; eben jener berühmte Wolfsjäger, den Sie bereits in zwei anderen Geschichten dieser kleinen ›Goldenen Bibliothek‹ kennengelernt haben[1].

»Ja«, antwortete ich, »das sind Amphibien, welche ein wenig den Robben ähneln. Sie haben eine Länge von vier oder gar fünf und einen Umfang von etwa zwei oder drei Metern. Das Gewicht liegt bei etwa tausend Kilogramm und sie leben in der Arktis. Die Tiere haben eine kurze, aber breite Schnauze, das Maul ist mit großen Eckzähnen geschmückt, die oft eine Länge von neunzig Zentimetern erreichen; man verarbeitet sie zu sehr feinem Material, das als Elfenbein außerordentlich begehrt ist.«

»Sehr gut«, sagte Roskow, der mit dieser kurzen Beschreibung recht zufrieden war. »Wissen Sie, warum man so erbitterte Jagden auf sie veranstaltet?«

»Um ihnen die Haut abzuziehen und Öl aus ihrem Fett zu gewinnen!«

»Gut gesagt, aber da muss ich Ihnen noch etwas sagen.«

Roskow nahm ein paar tiefe Züge aus seiner Pfeife und fuhr dann fort:

»Es gab einmal außerordentlich viele Walrosse an al-

---

1 Vgl. ›Die Wolfsjäger‹ und ›Ein Abenteuer in Sibirien‹.

len sibirischen Stränden und den Küsten Nordeuropas. Auf gewissen Polarinseln waren es so viele, dass die Jäger es schafften, an einem einzigen Tag bis zu tausend von ihnen zu töten.

Diese Amphibien haben eine merkwürdige Angewohnheit. Wenn der Frühling beginnt, versammeln sie sich an einigen Buchten der Strände und bleiben dort einige Monate lang. Dabei entwickelt sich ein richtiges Lagerleben, wobei regelrecht einzelne Kolonien gebildet werden. Jede Familie hat ihren eigenen Bereich und keine andere versucht, in diesen reservierten Raum einzudringen. Falls irgendeine Robbe, so nennen wir die Walrosse gelegentlich auch, es dennoch tun sollte, zögert das Familienoberhaupt nicht, sie anzuspringen, wonach erbitterte Kämpfe entstehen. Die Walrossjäger warten dann auf eine solche Situation, um sich an das Abschlachten der armen Tiere zu machen.

Wenn die Seeleute eines jener großen Lager entdeckt haben und an Land gegangen sind, beginnen sie ihr Gemetzel, indem sie sich eiserner Keulen bedienen. Wenn die Walrosse sich im Wasser befinden, können sie gefährlich werden, denn sie sind sehr geschickt. Tatsächlich wurden schon viele Boote oder Segler von ihnen umgeworfen und deren Matrosen konnten dem Tod nicht entrinnen. Wenn sie dagegen an Land gegangen sind, können sie sich nur schlecht bewegen und lassen sich beinahe ohne Gegenwehr töten.

Ich hatte von solchen Jagden gehört und den Wunsch verspürt, an einer dieser Unternehmungen teilzunehmen.

Damals hatte ich die Bekanntschaft eines tapferen Fischers gemacht, eines gewissen Michail Samolew, dem man den Beinamen ›König der Walrosse‹ gegeben hatte, weil es niemanden gab, der ihm da ebenbürtig gewesen wäre. Weil ich gehört hatte, dass er im Begriff war, mit einem Partner an Bord zu gehen, suchte ich ihn auf und bot ihm meine Dienste an.

›Du bist ein zu tüchtiger Jäger, als dass ich dich zurückweisen könnte‹, sagte Michail. ›Komm mit und wir werden so viele Felle erbeuten, dass mein Boot untergeht.‹

Zwei Tage danach schifften wir uns auf einem kleinen Kutter[1] ein und verließen das Mündungsgebiet des Ob in Richtung Westen.

Es war sehr kalt und das Meer infolgedessen gelegentlich zugefroren, weshalb unser Kutter nicht wenig Mühe hatte. Ich machte mir keine Sorgen, denn ich vertraute der seemännischen Tüchtigkeit des ›Königs der Walrosse‹ und seines Gefährten, einem alten Russen aus Teman.

›Du wirst mir aber wenigstens sagen, wohin wir fahren‹, sagte ich zu Michail Samolew, der neben der Pinne[2] saß.

›Wir werden sehr weit vorstoßen, nämlich bis zur Insel Kolgujew‹, antwortete der Jäger. ›Mach dir keine Gedanken wegen der langen Reise, mein Freund. Mein Boot ist zwar klein, aber klippenerprobt und Proviant haben wir reichlich.‹

Nach einem Augenblick der Stille sagte er mit geheimnisvoller Miene:

---

1 Einmastiges Küsten- und Fischereifahrzeug, das durch seine scharfe Bauart zum schnellen Segeln und Kreuzen geeignet ist.

2 Hebel zur Steuerung von Booten oder kleinen Schiffen.

›Ich kenne einen bestimmten Ort, wo wir Walrosse in rauen Mengen finden werden. Wir werden ein echtes Massaker veranstalten.‹

›Warum haben denn nicht auch andere Jäger diesen Ort entdeckt?‹, wandte ich ein.

›Niemand kann diesen Zufluchtsort entdeckt haben; ich bin rein zufällig auf ihn gestoßen und hätte mir niemals vorstellen können, jemals so viele Walrosse auf einem Haufen anzutreffen, nicht wahr, Wiktor?‹

›Ja‹, sagte der alte Russe. ›Du wirst sehen, Roskow, dass du sehr überrascht sein wirst von diesem Ort.‹

›Genug‹, sagte Michail. ›Achtet auf die Segel und macht die Augen auf! Es sieht so aus, als ob das Meer stürmisch werden will.‹

Tatsächlich überschlugen sich bereits die Wellen und klatschten wild an die Küste. Es gab einige Augenblicke, in denen ich dachte, dass unser kleines Segelboot an den Klippen oder den zahlreichen Riffen, welche entlang der Strände auftauchten, zerschellen könnte.

Gegen Abend wurde das Meer noch aufgebrachter. Von draußen blies ein sehr kalter Wind, der unsere Knochen gefrieren ließ und ein dünner Nebel umhüllte uns, der von großen Eisschollen aufgestiegen war. Die ganze Nacht hindurch kämpften wir gegen die Wellen, wobei uns nur ein paar Stunden zur Erholung vergönnt waren. Unser Kutter legte jedoch eine solche Strecke zurück, dass wir bereits am Morgen in Sichtweite von Kap Remenka waren.

Auch dort war das Meer sehr aufgebracht.

Da jene Strände beinahe steil abfielen, schlugen die Wellen mit ohrenbetäubendem Lärm sehr hoch; sie drohten, unser kleines Segelboot zum Kentern zu bringen.

›Ich fürchte, dass es schlimm für uns ausgehen wird, wenn wir nicht bald eine Zuflucht finden‹, sagte ich zu Michail.

›Unser Boot wurde nicht umsonst für Lobiska gebaut‹, antwortete Michail Samolew, der noch immer die Pinne hielt. ›Und seit wann gibt sich eine Expedition unter der Leitung des ›Königs der Jäger‹ dem Meer und dem Treibeis geschlagen? Mut, Wiktor, lass' das Gaffelsegel[1] los, den Wind nach Belieben heulen und das Meer gurgeln, wie es kann. Ich verspreche euch für diesmal, wenn alles gut geht, mindestens 50 Walrosszähne und so viel Öl, dass wir das Beiboot viermal füllen können. Schau' auf deine Klüver[2], Roskow und lass' sie beschleunigen.‹

Der Kutter brauchte nicht lange, um sich von der Küste zu entfernen und trotz der gewaltigen Wellen, welche aus dem Osten kamen, mit geblähten Segeln in ausreichender Geschwindigkeit dahinzudümpeln und so gelangten wir am frühen Abend zur Insel Kolgujew.

Der Meeresspiegel stieg weiterhin an und schwappte zwischen der Insel und der Küste von Teman über. Eisschollen in allen möglichen Formen und Größen, die man unter dem Namen ›Treibeis‹ kennt und die von den kalten Regionen des Nordens her kamen, wurden vorangetrieben. Diese Blöcke stießen mit heftigem Krachen aneinander.

---

[1] Das Gaffelsegel ist ein trapezförmiges Segel, das zwischen Mast, Baum und einem speziellen Rundholz (Gaffel) ausgebracht wird.

[2] Dreieckiges Segel am Bug eines Segelschiffes.

Einige spitze Hügel von beachtlicher Höhe, die im hellen Sonnenlicht glänzten und sich darin spiegelten, schaukelten gefährlich zwischen den Wellen und drohten, kopfüber herabzufallen; oben aber zwischen den Rissen und Vorsprüngen nisteten Hunderte von Polarvögeln – nämlich Möwen und Sturmvögel.

Das Meer schwoll hauptsächlich nach Mittag an, begleitet von ungestümen und sehr kalten Windstößen. Die fortwährenden Wellenschläge beeindruckten uns und so bedienten wir wütend die Segel, refften das Großsegel[1] und rollten das Segel des Fockmasts[2] auf.

Dicht aufeinanderfolgende Erschütterungen des Meeres hoben den Kutter brüllend in die Höhe, klatschten über die Bordwände und beschworen die große Gefahr herauf, uns zu versenken.

Michail Salomew versuchte – ohne den Mut zu verlieren, obwohl man sich wirklich hätte fürchten können – an der Pinne das Gleichgewicht zu halten und das Beiboot, welche sich durch den Nebel kämpfte, weiter auf Remenka zuzusteuern. Er bemühte sich, weiteren Erschütterungen zu entgehen, während wir – ein wenig bestürzt – alles taten, um all das Wasser wieder auszuschöpfen.

Es donnerte und der Wind heulte unentwegt; er tobte gegen die Segel und das Meer wühlte das Treibeis auf, welches drohte, jeden Augenblick unser Segelboot zu zerschmettern.

Inmitten der entfesselten Elemente kreisten kometenhaft ganze Scharen von Sturmvögeln, jener un-

---

1 Segel am Großmast, bzw. Segel bei einmastigen Schiffen ohne Beisegel.

2 Vorderster Mast.

heilverkündenden Vögel, welche bevorzugt gegen die Wellen anfliegen, was dann aussieht, als liefen sie über das Wasser (deshalb nennt man sie auch ›Kleine Petrusvögel‹ – in Anspielung auf das Wunder des Heiligen Petrus, der bei Sturm den See Genezareth überquert hatte, indem er über das flüssige Element gegangen war).

Wir kämpften bis zum Abend und versuchten, an das Kap Remenka zu gelangen, wobei wir ständig von den Wellen zurückgedrängt und dem Wind, der inzwischen nach Norden gedreht hatte, gequält wurden. So war es auch kein Zufall, dass wir es schaffen konnten; dennoch waren wir gezwungen, unsere Reise entlang der Küste fortzusetzen, wobei wir dem Meer kühn die Stirn boten, bis – kurz bevor die Sonne vollständig verschwunden war – endlich vor uns die Bucht von Promoi auftauchte, an deren Mündung wir nach langer und ermüdender Fahrt anlegen und von Bord gehen konnten.

Die zerklüftete Küste war völlig menschenleer und überall mit Schnee und Eis bedeckt. Einige Schollen waren von so beträchtlicher Dicke, dass sie sogar ein ansehnliches Stück weit ins Meer hinausragten. Wir zogen unser Boot an Land, und nachdem wir es ein wenig vom Schnee gesäubert hatten, errichteten wir ein Zelt und entfachten Feuer. Wir waren so müde, dass wir uns, kaum dass wir zu Abend gegessen hatten, gleich neben dem prasselnden Feuer niederlegten.

Am nächsten Tag standen wir ganz früh auf, um die Walrosse überraschen zu können. Mit Gewehren und Jagdmessern versehen machten wir uns bei einer Kälte von mehr als 30 Grad unter Null auf den Weg, wobei wir bis zu den Knien im Schnee versanken.

›Mein Junge‹, sagte Michail zu mir, indem er auf eine Frage antwortete, ›ich habe dich hierher an diesen Ort geführt, um dir eine Höhle zu zeigen, die – wie ich glaube – nur mir bekannt ist und in der wir die Messer schwingen werden. Es ist ein guter Zufluchtsort für Walrosse, und jedes Mal, wenn ich ihn aufgesucht habe, habe ich niemals weniger als 50 Dutzend Zähne erbeutet. Komm mit mir und du wirst über diese Expedition nicht mehr klagen.‹

Der ›König der Walrosse‹ hielt sich – soweit das möglich war – von den Felsen fern, um nicht von einer Lawine verschüttet zu werden. Er führte uns in die Mitte eines erdrutschartigen Ortes, an dem es notwendig war, um voranzukommen, wie eine Gämse zu springen. Dabei untersuchte er mehrmals ganz genau die umliegenden Felsen, um keinem falschen Weg zu folgen. Dabei wies er auf Knochenhaufen hin, von denen er behauptete, dass es sich dabei um Walrosse und Robben handele, welche er bei anderen Gelegenheiten, als es an den Küsten noch von solchen Tieren gewimmelt, getötet habe.

In kurzer Entfernung von einem Spalt, der sich etwa hundert Schritte vom Meer entfernt im Berg zeigte und der in eine geräumige Höhle führte, blieb er stehen.

›Halt!‹, befahl er, ›wir sind da.‹

Dort befand sich ein mit Meerwasser gefüllter kleiner See, der sich aufgrund des hohen Seegangs zum Zeitvertreib der Walrosse erhalten hatte. Ein heiseres Brüllen wie etwa von hundert wilden Tieren war zu vernehmen, gefolgt von Geräuschen, welche Köper verursachen, die sich ins Wasser stürzten.

Als der ›König der Walrosse‹ das hörte, rieb er sich mit offensichtlicher Genugtuung die schwieligen Hände.

›Meine jungen Freunde‹, sagte er und drehte sich zu uns um. ›Meine Ahnung hat mich nicht getrogen. Wie ihr hören könnt, vergnügen sich die Walrosse in der Höhle. Wir werden viel zu tun haben und sollten uns zunächst verstecken, damit uns ihre Wächter nicht bemerken und Alarm schlagen.‹

Er zeigte auf einen Felsen in der Nähe der Höhle und beeilte sich, ihn zu erreichen. Ich und Wiktor waren ihm gefolgt, obgleich wir ein bisschen müde waren. Er setzte sich zwischen die Felsen, und zwar an einen Ort, von dem aus er bequem den Eingang überblicken und die Unternehmungen der Walrosse beobachten konnte, ohne dabei Gefahr zu laufen, entdeckt zu werden.

›Höre, Michail‹, sagte Wiktor. ›Was tun wir hier, wo doch die Walrosse in der Höhle sind? Wenn wir uns unserer Messer bedienen wollen, müssen wir doch dort hinein.‹

›Still, mein Alter‹, sagte der ›König der Walrosse‹ und zwinkerte mit den Augen. ›Wenn du nur den zehnten Teil von dem wüsstest, was ich weiß, würdest du nicht so sprechen. Diese Burschen haben einen siebten Sinn, und wenn wir uns sehen lassen, werden sie alle anderen Walrosse alarmieren, und zwar schneller als du glaubst. Sie würden wieder im Meer verschwinden und für uns wäre die Jagd zu Ende. Wir müssen warten, bis die Nacht kommt und sie schlafen. Wenn wir dann den Eingang mit Eisblöcken verschlossen haben, wird es ein Schlachtfest geben …‹

Wir beugten uns Michails Rat und warteten auf den Abend.

Während des Tages begaben sich mehrere Walrosse ins Meer, andere kehrten aber auch wieder zur Höhle zurück. Es sah so aus, als diene diese tatsächlich allen Amphibien der ganzen Gegend als Zufluchtsstätte.

Nichts ist seltsamer als der Anblick dieser Tiere, wenn sie sich mühselig am Boden fortbewegen, wobei sie sich mit abgehackten Bewegungen strecken und zusammenziehen; man kann förmlich sehen, dass es für sie eine große Qual bedeutet, sich auf die Felsen zu begeben. Sie können sich vorstellen, wie aufgeregt unsere Herzen klopften, als wir derart viele Tiere kommen und gehen sahen und es kostete mich viel Überwindung, nicht sofort meine Waffen zu gebrauchen.

Sobald die Nacht hereingebrochen war und das Brüllen fast vollständig aufgehört hatte, begaben wir uns mit weit geöffneten Augen, angespannten Ohren und unseren Waffen zu der Höhle, in der die Walrosse sein sollten. Ohne den geringsten Lärm zu machen, rollten wir Felsblöcke zu der Öffnung hin, welche glücklicherweise ohnehin ziemlich eng war und verstopften sie so, dass eine Stunde später nur noch ein Loch – und zwar genau unter der Wölbung – vorhanden war, um jemanden eintreten zu lassen.

›Mut‹, sagte Michail, der einen Feuerstein mitgebracht hatte und damit Licht machte. ›Jetzt, da die Kleinen im Käfig sind, können wir getrost schlafen, ohne befürchten zu müssen, dass sie uns entkommen.‹

Während der Nacht hörte man gelegentliches Brüllen in der Höhle, sonst aber nichts mehr. Bei den ersten Sonnenstrahlen nahmen wir unsere Jagdmesser und rutschten mutig in die Höhle hinein, wo wir uns sofort einer Unmenge von Tieren gegenüber sahen. Um den kleinen See herum gab es wohl mehr als hundert Männchen, Weibchen und Jungtiere.

Nach unserem Erscheinen begann ganz allgemein eine wilde Flucht in alle möglichen Winkel der Höhle sowie ins Wasser, dessen Stand aber viel zu niedrig war, um sie vollständig zu verbergen.

Wir hielten es nicht für angebracht, uns mitten unter die stattliche Schar zu mischen, denn wir wussten, wozu die wütenden Walrosse fähig waren. Deshalb setzten wir uns auf die höchsten Felsblöcke und von dort aus begannen wir, unsere Gewehre auf große und kleine Tiere mitleidlos abzufeuern.

Die Wut und den Schrecken der unglücklichen Tiere nach unseren Schüssen kann man nicht beschreiben. Vom Pulverdampf eingehüllt feuerten wir unentwegt weiter, fest entschlossen, ein großes Schlachtfest zu veranstalten. Männchen und Weibchen stürzten wie brüllende Löwen auf die Felsbrocken zu und versuchten mit aller Kraft, uns zu erreichen; einige Amphibien drängten nach dem Ausgang und probierten, die ihn verstopfenden Blöcke wegzuschieben. Und wenn einige in das Wasser flüchteten, mussten sie darin bleiben, weil unsere Kugeln sie dazu zwangen, den kleinen See nicht zu verlassen.

Der ›König der Walrosse‹ hatte in all den Jahren der Jagd niemals an einem ähnlichen Blutbad teilgenommen. Außerhalb der Reichweite der zornigen Walrosse gab er mit sicherer Hand eine Salve um die andere ab und ermutigte uns durch sein eigenes Beispiel lautstark, weiterzumachen. Gleichzeitig versprach er uns Zähne in Hülle und Fülle sowie so viele Fässer Öl, dass wir damit zehn Beiboote beladen könnten.

Die Schlächterei ging weiter, bis die Munition knapp wurde. Der Boden war mit toten und sterbenden Tieren übersät und wahren Sturzbächen von Blut getränkt, welche dem natürlichen Verlauf der Höhle folgten und sich schließlich in den kleinen See ergossen, dessen Wasser sie rot färbten. In den Ecken röchelten sechs oder sieben Tiere und versuchten zu fliehen; andere gleichfalls unversehrte Tiere, die aber vor Schrecken halbtot waren, schleppten sich von einem Ende der Höhle zum anderen.

Alle versuchten, durch Spalten in den Wänden zu entkommen. Wir packten unsere Jagdmesser und fielen über die Überlebenden her, welche in kürzester Zeit unseren Hieben zum Opfer fielen, ohne uns in irgendeiner Weise Schaden zufügen zu können. In der Höhle, die aufgrund der Detonationen der Schüsse und dem Gebrüll von Lärm erfüllt gewesen war, herrschte nun Stille.

Auf diese Weise wurden in etwas weniger als zwei Stunden 112 Walrosse getötet, was ein wahrer Segen für uns war. Wir feierten das Schlachtfest mit einem ausgiebigen Trinkgelage und einem Bankett, das exklusiv aus Walrossfleisch bestand, und blieben zwei Tage lang in der Höhle, wobei wir vor allem damit beschäftigt waren, den Tieren die riesigen Zähne von härtestem Elfenbein abzuschneiden. Es hat die Eigenschaft, dass es nicht gelb wie das der Elefanten wird, weshalb es auf dem Markt viel begehrter ist und besser bezahlt wird.

Begünstigt durch guten Wind kehrten wir nach wenigen Stunden mit unserer wertvollen Knochenladung an die Küste von Teman zurück, wo wir alle Bootsführer der Gegend zusammenriefen, damit sie uns das Fett der Walrosse abnahmen.

Der ›König der Walrosse‹ nahm aufgrund des Elfenbeins eine derart große Summe ein, dass er es sich leisten konnte, für immer auf ein Leben auf dem Meer zu verzichten.

Jenes Blutbad markierte den Rückzug der Walrosse von der Südküste Kolgujews; jetzt findet man sie nur noch im Norden, aber auch dort werden sie jedes Jahr von Holländern, Dänen, Norwegern und Russen gejagt, weshalb sie immer seltener werden. Es ist durchaus wahrscheinlich, dass es in ein paar Jahren auf der ganzen Insel kein einziges Walross mehr gibt.«

»Und wie steht es mit Ihnen?«, fragte ich ihn. »Haben Sie bei diesem Unternehmen viel verdient?«

»Es wurde der Grundstock meines Wohlstandes«, antwortete der Sibirier. »Mit dem verdienten Geld rüstete ich im darauffolgenden Jahr ein kleines Schiff aus und unternahm auf eigene Rechnung einen Jagdzug gegen Bärenrobben, der ebenfalls als Schlachtfest endete – vielleicht sogar als ein noch größeres als jenes in der Höhle …

Man hatte mir berichtet, dass man im Westen der Obmündung Spuren einer Kolonie von Saatkrähen gefunden habe, damit aber auch Knochenreste einer Robbenkolonie. Da ich wusste, dass diese Amphibien jedes Jahr die gleichen Quartiere beziehen, fuhr ich hin, um an diesem Ort auf sie zu warten.

Es wird Ihnen seltsam vorkommen, dass die Robben jedes Jahr zur selben Zeit von den Nordmeeren her kommen und sich in den Kolonien versammeln, die sie ein Jahr zuvor verlassen haben. Gegen Mitte April erscheinen zunächst ein paar alte Männchen, um das Gebiet zu erkunden. Sie untersuchen ihre alten Quartiere, und wenn sie feststellen, dass diese unbewohnt sind, kehren sie wieder um und benachrichtigen ihre Gefährten. Mit merkwürdiger Pünktlichkeit erscheinen am 15. Juni Männchen und Weibchen in großer Zahl und teilen das Gebiet unter sich auf. Den Anfang machen dabei die Männchen. Sie erkunden die Umgebung, um sicherzustellen, dass es keine Feinde gibt, dann stürzen sie sich ins Meer, um den Weibchen entgegenzueilen, wobei sie wie Hühner gackern. Sie sind recht zärtlich mit ihnen, umarmen sie mit den Flossen, drücken ihnen ihre Zähne in den Hals und bringen sie dann an Land.

Dies ist ein wunderbares Schauspiel, wirklich eine Überraschung, ich versichere es Ihnen. Die Krähenkolonie, welche ich entdeckt hatte, war mit Robben übervölkert und in acht Stunden gelang es uns, wobei mir meine Männer halfen, wohl 400 Amphibien zu töten und in den folgenden Tagen ebenfalls.«

»Ein außergewöhnliches Glück«, meinte ich.

»Ich habe in drei Tagen 300 000 Lire verdient«, antwortete Roskow.

Er verharrte einen Augenblick lang schweigend, rauchte wütend und sagte dann zu mir:

»Es ist eine Schande, dass ich ein alter Mann geworden bin, sonst könnte ich einige tausend Rubel ohne große Anstrengung einnehmen.«

Er leerte mit einem Zug seine Tasse mit Bier und reichte mir dann die Hand.

»Ich hoffe, Sie mal wiederzusehen«, sagte er.

Doch ich traf ihn niemals wieder.

Anmerkung des Übersetzers: In den verschiedenen Textfassungen Salgaris wurden – vermutlich irrtümlich – die Schreibweisen ›Halguef‹, ›Klaguef‹ und ›Kalguef‹ verwendet; ich habe hier im Deutschen die geografisch korrekte Form ›Kolgujew‹ gebraucht. Ähnlich verhält es sich mit den Namen. ›Ugo‹ und ›Wigo‹ sind keinesfalls im Russischen vertretbar, lediglich einmal wurde die richtige Form ›Wiktor‹ verwendet, die ich auch beibehalten habe. Auch ›Roskoff‹ wurde falsch transkribiert, dies wäre eine bulgarische Variante. Es muss entweder ›Roskow‹ oder ›Roskov‹ heißen.

Die Eiswüste

(Il deserto di ghiaccio)

Ins Deutsche übersetzt von
Gerd Frank

Die Fangsaison der Robben und Walrosse an der Küste Grönlands, jener großen Halbinsel, welche ständig mit Schnee und Eis bedeckt ist und die sich vom Arktischen Ozean bis zum Nordpol erstreckt, war beendet. Alle Schiffe, größtenteils dänische, amerikanische und englische, waren vollständig mit Fellen und Fett beladen und beeilten sich nun, ihre Segel zu setzen, um ihre Heimathäfen zu erreichen, bevor ihnen Eisberge den Rückweg blockieren konnten.

Lediglich ein Schiff hatte sich aufgrund einer Havarie verspätet, die es erlitten hatte, weil es von der Polarströmung gegen eine Eisscholle getrieben worden und mit ihr kollidiert war. Dieses Segelschiff, die »Karasi«, war eines der kleinsten und stand unter dem Kommando von Kapitän Erle.

Nachdem er vier lange Monate Robben gejagt, von denen er übermäßig viele erlegt hatte, musste er an einer der vielen Buchten an der Küste Grönlands Halt machen, um den Schaden zu reparieren.

Dann hatte auch die Stunde des Abschieds für den letzten Segler geschlagen.

Der Kommandant hatte wegen des offenen Lecks, welches die Eisschollen verursacht und das er nun abgedichtet hatte, angeordnet, jene Bucht, welche ihm als Zufluchtsort gedient hatte, wieder zu verlassen. Die

Vorsicht hatte ihm geraten, sich zu beeilen, denn schon seit einigen Tagen hatte es angefangen heftig zu schneien und nach Norden zu war starker Nebel aufgetreten, was ein Zeichen für zu erwartende Riesenmengen an Eis war.

Schon waren die Anker gelichtet und die Segel gesetzt, als der Lotse einen riesigen Eisbären ankündigte, der plötzlich am Ufer der Bucht aufgetaucht sei. Während der gesamten Fangsaison hatte sich zum großen Bedauern des Kapitäns kein einziges dieser Tiere in der Nähe des Schiffes sehen lassen; er hatte einem seiner Freunde eines dieser herrlichen Felle versprochen.

Als sie den Bären sahen, verspürten sie ein unwiderstehliches Verlangen, sich seiner zu bemächtigen.

»Ein paar Stunden Verzögerung können meinem Schiff nicht schaden«, dachte der Kapitän. »Da sich die Gelegenheit bietet, will ich versuchen, meinen Freund zufriedenzustellen.«

Dann wandte er sich an die Mannschaft und fragte:

»Wer will mit mir gehen?«

Ein Seemann von wahrhaft gigantischer Statur, ein echter Herkules, der stark wie ein Stier und ein tapferer Jäger war, stellte sich sofort vor ihn und sagte:

»Ich, Kapitän.«

»Das freut mich, dass du mitkommst, Torp«, entgegnete der Kapitän. »Der Bär wird ziemlich wild sein, aber er wird uns entkommen wollen.«

Er ließ die Anker nochmals im Wasser versenken, befahl der Mannschaft gut aufzupassen und nutzte eine Eisscholle, welche bis zur Küste reichte, das Schiff in Begleitung des riesigen Matrosen zu verlassen.

Beide waren mit Gewehren, ausreichend Munition

und Jagdmessern versehen; insbesondere die Messer brauchte man, um sich einen Weg durch das Eis zu bahnen, außerdem hatten sie aus Vorsicht einige Lebensmittel und ein Fläschchen Rum mitgenommen.

Als der Bär sie bemerkte, wandte er ihnen den Rücken zu, denn er hatte keine Lust, die Bekanntschaft ihrer Karabiner zu machen. Er trollte sich von der Küste weg und verschwand inmitten einer Ansammlung größerer Schneehaufen.

Kapitän Erle war aber nicht der Mann, der eine Jagd sogleich aufgab; in Bezug auf Sturheit konnte man ihn mit einem spanischen Maultier vergleichen. Hatte er sich einer Partie gestellt, ob sie nun gut oder schlecht verlief, wollte er sie zu Ende spielen, koste es, was es wolle. Als er sah, dass sich der Bär entfernte, war er sogleich entschlossen, den gut sichtbaren Fußstapfen bis zum Versteck zu folgen und ihn dann dort zu töten.

Auch der Matrose hielt es nicht für notwendig, seinen kriegerischen Eifer, der schwerwiegende Folgen haben konnte, zu bezähmen und so meinte er:

»Wenn der Bär läuft, können wir das auch. Das Schiff wird auf uns warten.«

Eine Stunde später, nachdem sie eine weite Strecke zurückgelegt hatten, war das Schiff aus ihrer Sichtweite verschwunden. Dennoch hielten sie nicht an, sondern setzten ihren Lauf fort, indem sie das Tempo sogar noch beschleunigten.

Der Bär war verschwunden, aber seine Spuren waren sehr gut sichtbar, weil der Schnee sehr weich war. An manchen Plätzen hätte er wohl gern angehalten, doch dann hätte er es mit den Jägern zu tun bekommen.

Der Kapitän und sein Begleiter marschierten den ganzen Tag weiter, wobei sie über Hügel kamen und Schluchten durchquerten oder auf zugefrorene Seen stießen, holten das Tier aber nicht ein.

Der Abend kam näher und mit der Dunkelheit stellte sich ein steifer Nordwind ein, der ihre Glieder erstarren ließ. Bei der Dunkelheit und der ständig zunehmenden Kälte war eine Rückkehr zum Schiff ein Ding der Unmöglichkeit. Sie wären sicher auf halbem Weg gestürzt und nicht mehr imstande gewesen, sich wieder zu erheben.

»Wir waren unvorsichtig«, sagte der Kapitän. »Wir durften uns nicht so weit vom Schiff entfernen.«

»Lasst uns einen Zufluchtsort suchen«, entgegnete Torp, »ich glaube, dass es bald einen Schneesturm geben wird. Morgen suchen wir dann den Weg zum Schiff zurück.«

»Der verdammte Bär! Ich hätte nicht gedacht, dass er so weit ziehen würde.«

Es war das Beste, was sie in dieser unwirtlichen Gegend tun konnten, denn sie waren bis jetzt noch nie dort gewesen und es galt, sich vor der nächtlichen Kälte zu schützen. Nach langem Suchen fanden sie unter einem riesigen Felsen eine geräumige Höhle und versteckten sich darin, um dort schlafend die Nacht zu verbringen.

Den Eingang verstopften sie mit Eisbrocken – aus Angst, von einem Eisbären angegriffen zu werden, dann legten sie sich auf den nackten Boden; die Waffen deponierten sie neben sich. An diesem Ort herrschte keine Kälte, weshalb sie auch nicht lange brauchten, um einzuschlafen.

Wie lange sie schliefen, konnten sie nie in Erfahrung bringen. Als sie die Augen aufschlugen und versuchten, die Höhle zu verlassen, stellten sie nämlich zu ihrer großen Überraschung fest, dass es noch immer dunkel war. Hatten sie nun 24 Stunden geschlafen oder waren sie einfach nur zu früh aufgestanden?

Sie konnten sich nicht vorstellen, so lange hier gewesen zu sein und geschlafen zu haben, aber vielleicht waren sie ja, verlockt von der in der Höhle herrschenden Wärme, die sich ganz außerordentlich von der Außentemperatur unterschied, einfach wieder eingeschlafen?

Als sie erneut nach draußen blickten, fiel Schnee in großen Flocken und über die kargen Flächen fegte ein eiskalter Wind aus nördlichen Gefilden.

»Wir müssen aufbrechen«, sagte der Kapitän. »Unsere Kameraden werden wegen unserer langen Abwesenheit schon sehr besorgt sein.«

»Es wird nicht leicht sein, den richtigen Weg wieder zu finden«, meinte Torp. »Der Schnee hat unsere Spuren verwischt und zu allem Überfluss waren wir so unvorsichtig, dass wir keinen Kompass mitgenommen haben.«

Sie versuchten, sich entsprechend vor der Kälte zu schützen, nahmen ihre Waffen und stellten sich mutig dem Schneesturm entgegen, um den Rückweg zum Schiff einzuschlagen.

Die Kälte hatte inzwischen derart zugenommen, dass es geradezu Schmerzen bereitete, weiter zu marschieren. Die Schneeflocken verhinderten zudem, dass die beiden Unglücklichen auf dem richtigen Weg blieben. Für zusätzliches Pech sorgte der Nebel, der die Hügel vor ihren Blicken verbarg, welche ihnen dazu hätten verhelfen können, die Richtung zum Meer einzuschlagen.

Ihre Besorgnis nahm zu, als sie feststellten, dass sie nicht sehr weit gekommen waren. Schließlich erwachten eine starke Ungewissheit in ihnen, ob die Besatzung – angesichts der Tatsache, dass sie nicht wieder erschienen – sie als verschollen betrachtet und die Anker gelichtet haben könnte, um die Rückfahrt anzutreten.

So setzten sie ihren Marsch auf gut Glück so manche Strecke fort, kämpften peinvoll gegen den Orkan und den Schnee, der um sie herumwirbelte und die Kälte, welche sie steif werden ließ. Dann blieb der Kapitän plötzlich stehen und erklärte, dass er nicht mehr in der Lage sei, weiterzugehen. Der unglückliche Mensch schien kurz vor dem Erfrierungstod zu stehen. Seine Nase war, nachdem sie gefroren war, weiß geworden und seine Beine versagten ihm jeglichen Dienst; sie stützten ihn nicht mehr.

»Mut, Kapitän!«, sagte Torp. »Wenn wir hier bleiben, werden wir sterben.«

»Die Kräfte verlassen mich«, antwortete der arme Mann, dem es sogar schon schwerfiel, Worte zu formen. »Lass' mich hier und versuche du, zur Bucht zu gelangen.«

»Wenn ich Sie an diesem Ort – dem Wind und Schnee ausgesetzt – zurücklasse, werde ich Sie lebend nicht mehr wieder sehen. Wir müssen einen Schutzplatz suchen und bis dorthin werde ich Sie tragen.«

Wie bereits erwähnt verfügte Torp über eine ganz außergewöhnliche Körperkraft. Er befreite das Gesicht des Kapitäns vom Schnee, um der drohenden Gefahr einer völligen Vereisung zuvorzukommen, dann nahm er ihn auf seine Arme und trat, beinahe laufend, den fürchterlichen Weg an.

Statt dass der Sturm zurückging, schien sich aber dessen Wut nur noch mehr anzustacheln. Der wirbelnde Schnee umhüllte die beiden und nahm ihnen jede Sicht; dazu kam ein unangenehmer, überaus heftiger Wind, während ganze Eispyramiden aufgrund von plötzlich entstandenem Blitzeis mit schrecklichem Getöse entzweibrachen, wie wenn sie in ihrem Inneren explodiert wären.

Der nahezu erfrorene Kapitän gab bereits kein Lebenszeichen mehr von sich; seine Lippen waren inzwischen blau, während die Haut immer weißer geworden war. Es sah so aus, als ob das ganze Blut gefroren sei.

Auch der Matrose fühlte nun, wie seine Kräfte erlahmten. Er unternahm übermenschliche Anstrengungen, sich dagegen zu wehren, aber schließlich war es auch ihm – trotz seiner Riesenkräfte – unmöglich, den Weg mit seiner schweren Last fortzusetzen. Wenn sie keine Zuflucht fanden, waren sie beide dem Tod geweiht.

Da hatte er plötzlich einen Einfall.

»Wir machen es wie die Eskimos«, sagte er. »Dies ist das einzige Mittel, das uns bleibt, um uns vor dem Erfrieren zu retten.«

Er legte den Kapitän auf den Boden und begann, hastig im Schnee zu buddeln, der Wind hatte riesige Haufen von turmartiger Höhe gebildet.

Da diese noch nicht gefroren waren, hatte er in weniger als zehn Minuten eine Art Stollen gegraben, der etwa drei Meter tief und genügend breit war, um sie beide aufzunehmen; anschließend schleppte er den Kapitän hinein.

Vor dem Wind geschützt kann man die intensive Kälte der Polarregion ertragen. Sogar Forscher, die an solche Temperaturen nicht gewöhnt sind, können auf diese Weise ohne große Mühe bis zu 40 Grad unter Null – allerdings immer ohne den Wind – aushalten.

Torp und der Kapitän fühlten sich an diesem provisorisch aus dem Schnee gebuddelten Zufluchtsort entsprechend unbehaglich, doch schon nach wenigen Minuten verringerten sich die eisigen Temperaturen, aufgrund der Wärme, welche ihren Körpern entströmte, deutlich.

»Die Eskimos hatten nicht unrecht, wenn sie die Betten ihrer Jäger, wie sie diese Löcher nennen, als bequem rühmten«, sagte Torp. »Wenn die Wärme weiterhin ansteigt, wird der Kapitän der drohenden Erfrierung entgehen.«

Während er dies laut gedacht hatte, war er nicht untätig geblieben. Er hatte einen wollenen Lappen mit etwas Rum aus seinem Fläschchen getränkt, anschließend rieb er damit das Gesicht und die Brust des armen Mannes ein. Dieses energische Einreiben bewirkte ein unerwartetes Ergebnis. Es war noch keine Viertelstunde vergangen, da schlug der Kapitän wieder die Augen auf.

»Sind wir auf meinem Schiff?«, fragte er hoffnungsvoll.

»Das wollte Gott!«, antwortete Torp. »Ich glaube, dass Ihr Schiff so weit weg ist, dass wir mit ihm momentan nicht rechnen können.«

»Hast du mich in eine Eskimohütte geschafft?«

»Ja, aber die Hütte habe ich selbst gegraben, Kapitän. Gleichwohl können wir es hier gut aushalten.«

»Ich fühle mich in der Tat hier nicht übel. Und was ist mit dem Schneesturm?«

»Er wütet noch schlimmer als vorher und hat sogar den Zugang zu diesem Zufluchtsort abgedichtet.«

»Torp, ich schulde dir mein Leben«, sagte der Kapitän nach kurzem Schweigen. »Ohne dich würde ich tot sein.«

»Sie können noch nicht sagen, dass Sie am Leben sind – oder noch besser gesagt – dass wir am Leben sind. Wenn das Schiff abgefahren ist, dann sind wir dazu verdammt, in dieser Eiswüste zu sterben.«

»Wir wollen nicht so schnell verzweifeln, Torp.«

»Oh, nein, mein Kapitän«, antwortete der Seemann. »Es ist ja auch noch nicht sicher, dass das Schiff die Bucht verlassen hat. Wenn der Sturm aufgehört hat, werde ich gehen, um mich zu vergewissern.«

Da es im Augenblick nichts zu tun gab für sie, legten sie sich nebeneinander hin, um sich zu wärmen und warteten geduldig darauf, dass sich der Orkan endlich beruhigte und ihnen somit ermöglichte, ihr Quartier zu verlassen.

Die Stunden verstrichen und der Sturm traf keine Anstalten, nachzulassen. Von draußen hörte man das schreckliche Brüllen des Nordwindes und das Krachen der zersplitternden Eisberge. Der Schnee häufte sich am Eingang ihres Stollens, was Torp dazu zwang, mit seinem Gewehr ein Loch zu bohren, damit wenigstens die Luftzufuhr gesichert war.

Erst etwa gegen zehn Uhr abends ließ die Gewalt des Sturmes nach und auch der dichte Schneefall hörte auf. Aber es war bereits zu spät, um den Marsch anzutreten und so beschlossen die beiden Jäger, das Morgengrauen abzuwarten, auch wenn die neuerliche Verzögerung ihre Besorgnis erhöhte. Wenn die Besatzung nämlich sah, dass sie nicht zurückgekehrt waren, hatte sie möglicherweise die Bucht verlassen, um nicht von den Eisbergen, welche der Wind in außergewöhnlich hoher Zahl nach Süden getrieben hatte, den Rückweg versperrt zu bekommen.

Trotz all ihrer Sorgen gelang es ihnen schließlich doch, nebeneinander einzuschlafen. Sie träumten bereits davon, ihr Schiff wiedergefunden zu haben und Richtung Atlantik zu segeln, als Torp von einem heißen und stinkenden Atem erwachte. Da er nicht wusste, woher der kam, kniete er sich hin, um es herauszufinden; dabei fühlte er mit der Hand ein raues und dickes Fell.

»Kapitän«, rief er da, »Vorsicht! Ein Bär ist zu uns hereingekommen!«

Der Kapitän erwachte rasch von dem lauten Ruf, befreite sich rasch von dem, womit er sich zugedeckt hatte und ergriff sogleich das Gewehr, das er neben sich gelegt hatte.

»Wo ist er, Torp?«, fragte er.

»Er ist schon wieder draußen, Herr. Ich sehe nur noch uns beide, der Eingang ist frei.«

»War es wirklich ein Bär?«

»Ich habe ihn nur undeutlich gesehen, aber es stimmt, ich kann mich nicht getäuscht haben. Allerdings gehe ich davon aus, dass es der gleiche ist, den wir verfolgt haben.«

»Hat er uns aufgelauert?«

»Das vermute ich, Kapitän. Vielleicht will er uns angreifen.«

»Das wäre ja noch schöner! Zu unserem Glück haben wir zwei Gewehre. Gehen wir hinaus, Torp und kämpfen wir gegen das Ungeheuer.«

Sie waren eben im Begriff, zum Ausgang zu kriechen, als sie bemerkten, dass ein riesiger Körper denselben versperrte.

»Es ist der Bär, der es auf uns abgesehen hat«, sagte Torp.

»Feuer, Seemann!«

Zwei Schüsse ertönten und der Bär, der wahrscheinlich getroffen worden war, brüllte wütend. Der Matrose und der Kapitän stürzten hinter ihm her. Als sie draußen waren, sahen sie, dass sie die Bestie – auf den Hinterbeinen stehend – erwartete, um sie anzugreifen.

Es war ein Bär von wahrhaft gigantischen Ausmaßen, einer der größten, die der Kapitän auf seinen zahlreichen Jagdexpeditionen in die Regionen des ewigen Eises gesehen hatte.

»Pass auf, Torp«, schrie der Kapitän, als er sah, dass sein Matrose im Vertrauen auf die eigene Stärke im Begriff war, sich mit seinem Jagdmesser dem Tier entgegenzustellen.

Leider kam die Warnung zu spät. Der Matrose hatte den Bären mit verzweifeltem Mut angegriffen, wobei er versucht hatte, ihm das Messer in die Brust zu stoßen. Das Tier aber war durch eine schnelle Bewegung dem

Stich ausgewichen, hatte dann seine Beine gedehnt, den Gegner mit schrecklicher Kraft gepackt und an sich gezogen.

Der Kapitän war sofort entschlossen, seinem Gefährten zu helfen. Da das Gewehr nicht mehr geladen war und er nicht über die Zeit verfügte, eine neue Patrone in den Lauf einzuführen, beschloss er, ebenfalls mit dem Messer zu kämpfen.

Torp, der schon beinahe erstickt war, wehrte sich vergeblich und schrie entsetzlich. Der Bär hatte ihm die Krallen ins Fleisch getrieben und ihm dabei schreckliche Wunden zugefügt.

Der Kapitän hatte wie ein Verrückter zugestoßen, war aber noch immer zu schwach, um diesen Kampf mit dem Eisriesen bestehen zu können. Der Bär, dem die Messerspitze schon mehrmals in den Körper gedrungen war, ließ schließlich doch seine Beute fahren, um nun den neuen Gegner anzugreifen.

»Flieh', Torp!«, schrie der Kapitän.

»Nein, mein Kommandant«, antwortete der tapfere Matrose. »Jetzt wird dieser Gauner dafür bezahlen.«

Er hatte das Messer wieder an sich genommen, das ihm während des Kampfes entfallen war, und warf sich von Neuem auf den Feind. Natürlich hütete er sich, dabei ergriffen zu werden.

Die Klinge drang tief in den Körper des Tieres ein und traf genau ins Herz.

»Fahr hin, du Bestie!«, schrie er und drückte den Bären wütend auf den Boden.

Dieser hatte einen schrecklichen Schrei ausgestoßen. Eine kurze Zeitlang schüttelte er seine zottigen Pranken und versuchte wieder auf die Beine zu kommen, dann aber überraschte ihn der Tod und streckte ihn lang auf den Boden; er kam nicht mehr hoch.

Gleichzeitig schleppte sich Torp zum Kapitän.

Der arme Matrose hatte zwei tiefe und schwere Wunden an der Wirbelsäule empfangen und verlor derart viel Blut, dass der Kapitän befürchtete, dass er verbluten könnte. Er nahm seine ganze Kraft zusammen und schleppte ihn daher in den Stollen zurück, wo er zunächst das aufgerissene Fleisch zusammendrückte, um die gefährlichen Blutungen zu stoppen und dann die Wunden mit einem Stück seines Mantels, das er kurzerhand herausgerissen hatte und einem Schal notdürftig verband.

Trotz seiner grausamen Verstümmelung hatte der Matrose nicht das Bewusstsein verloren und sich – ohne zu jammern – verarzten lassen.

»Geben Sie mir einen Schluck Rum, Kapitän«, bat er. »Er wird mir gut tun und mich wieder auf die Beine bringen.«

»Das wird nicht so schnell gehen, mein armer Torp«, antwortete der Kapitän. »Es wird wohl mehrere Wochen dauern.«

»Wollen Sie einen Rat von mir, Kapitän? Lassen Sie mich hier zurück und gehen Sie zur Bucht, vielleicht ist das Schiff noch nicht abgefahren.«

»Glaubst du nicht, dass inzwischen vielleicht ein anderer Bär hier auftauchen könnte?«

»Laden Sie mir ein Gewehr und lassen Sie mich hier; sollte ich angegriffen werden, tue ich mein Möglichstes, um mich zu verteidigen. Gehen Sie, Kapitän, verlieren

Sie keine weitere Zeit mehr. Nur unsere Kameraden können uns noch retten.«

Der Kapitän zögerte, hatte aber auch keine andere Hoffnung mehr. Eine neuerliche Verzögerung konnte den Tod für sie beide bedeuten. Er lud das Gewehr, schleppte mit unsäglicher Anstrengung den Bären in das Innere ihres Zufluchtsortes und bettete den Matrosen auf den noch warmen Körper des Tieres.

Anschließend machte er sich – in der Gewissheit, dass er so bald wie möglich zurückkehren werde – mutig auf den Weg. Er marschierte schnell dahin und war bestrebt, zur Bucht zu gelangen. Wenn das Schiff noch nicht abgefahren war, konnte der Matrose viel schneller wieder genesen, da es ja an Bord Medikamente aller Art und auch einen Arzt gab.

Was würde andererseits mit ihnen geschehen, verloren in der riesigen Eiswüste, viele hundert Meilen von der nächsten dänischen Faktorei entfernt, mit diesem entsetzlichen Polarwinter im Rücken? Würden sie die Schneestürme und die intensive Kälte der langen Nächte – was in diesen Klimazonen oft drei oder gar vier Monate lang dauern konnte – überstehen, und zwar ohne einen anderen Zufluchtsort als jenen, den die Schneemassen zusammen mit dem Insassen jederzeit begraben konnten?

Der Kapitän, in diese traurigen Gedanken versunken, verdoppelte das Tempo seiner Schritte, denn es war ihm klar, dass jede weitere Verzögerung fatale Folgen haben konnte. Endlich erreichte er jene Hügel, welche die Nähe der Bucht ankündigten. Besorgt marschierte er auf sie zu, und als er auf der Spitze angekommen war, sah er die Konturen der Bucht in einer Entfernung von weniger als einer halben Meile.

Da entfuhr ihm ein Schrei! Die Bucht lag verlassen da, weit und breit gab es dort nur riesige Massen treibenden Eises. Das Schiff hatte ihn im Stich gelassen. Vielleicht aber hatte die Besatzung, nachdem sie zwei oder drei Tage gewartet hatte, gedacht, dass er gestorben sei, und war in See gestochen, um nicht durch das Eis vom Rückweg abgehalten zu werden.

Das bedeutete den Tod für die beiden Unglücklichen und vielleicht sogar einen sehr qualvollen Tod. Doch auch in diesem höchst bedeutsamen Augenblick verlor der Kapitän nicht seinen Mut.

»Gott wird uns beistehen«, sagte er sich. »Wir werden kämpfen, solange auch nur ein Quäntchen Kraft in uns steckt.«

Weil er am Strand eine Art Spiere[1], eine Stange erblickte, welche vermutlich seine Matrosen dorthin gesteckt hatten, stieg er hinunter. Vielleicht handelte es sich dabei ja um ein Signal oder man hatte ganz einfach dort Proviant hinterlassen.

Er hatte sich nicht geirrt. Die Besatzung hatte vor der Abreise – in der Hoffnung, dass ihr Kommandant nicht von dem Bären gefressen worden war – tatsächlich dort Proviant bereitgestellt, außerdem Decken, Waffen und genügend Munition für einige Monate.

Das war ein Riesenglück für die beiden Unglücklichen.

---

[1] Ein behauenes und gehobeltes, nicht starkes Rundholz zum Ausbringen von Segeln (Leesegelspiere) oder Auftakeln von Blöcken zum Übernehmen von Gegenständen (Kohlenspiere).

Der Kapitän nahm die Decken, einige Flaschen mit Likör und den Proviant an sich, dann machte er sich auf den Rückweg zu Torp, um diesem über seine Entdeckung zu berichten.

Als er den Schutzstollen wieder erreicht hatte, feuerte der Matrose gerade auf ein Rudel Wölfe, welches es auf den Kadaver des Bären abgesehen hatte.

Als die frechen Räuber den Kapitän gewahrten, entfernten sie sich unverzüglich, ließen aber einige von ihnen in der Umgebung zurück.

»Das war höchste Zeit!«, sagte der Matrose. »Ich konnte nicht mehr, mein Kapitän.«

»Tröste dich, mein Tapferer, ich bringe dir Proviant, Decken und sogar ein paar Flaschen Rum. Unsere Kameraden sind weg, aber sie haben uns nicht verlassen, ohne uns mit wichtigem Proviant und anderen Dingen zu versorgen, die uns eine große Hilfe sein werden. Wir dürfen jetzt nicht den Mut verlieren, mein braver Torp. Hoffen und vertrauen wir darauf, dass wir es bis zum nächsten Frühjahr schaffen werden.«

»Mit Ihnen zusammen habe ich keine Angst, Kapitän«, entgegnete der Matrose. »Zählen Sie ganz auf mich, wenngleich das im Moment auch nicht sehr viel wert ist.«

»Du wirst genesen, Torp und mir eine große Hilfe sein.«

Am nächsten Morgen machte sich der Kapitän an die Arbeit, um ein Winterquartier vorzubereiten. Derzeit konnte er mit dem Matrosen nicht rechnen, aber er war kein Mann, der so leicht den Mut verlor. Weil der gegenwärtige Stollen nicht bewohnbar war, galt es, eine Hütte aus Eis zu bauen, deren Schutzräume sehr einfach herzustellen waren, die jedoch in den langen Polarnächten hervorragenden Schutz vor der schrecklichen Kälte boten.

In der Tat haben auch die in Grönland und den nördlichsten Inseln des amerikanischen Kontinents lebenden Eskimos keine anderen Behausungen als diese Eishütten, in denen sie recht angenehm wohnen.

Mit den vorhandenen Decken legte der Kapitän den Boden aus, darüber breitete er dann das Fell des Eisbären. Unter den Dingen, welche die Besatzung für sie zurückgelassen hatte, entdeckte er auch eine Lampe, die er dann in der Mitte des Raumes aufhängte. Für das notwendige Öl würden die Robben herhalten müssen, um für Beleuchtung und Wärme zu sorgen.

Innerhalb dieser Behausung, welche vor den Winden schützte und genügend warm war, schritt Torps Genesung sichtbar und rasch voran. Nach noch nicht einmal drei Wochen war der Riese bereits wieder imstande, dem Kapitän helfend zur Hand zu gehen.

Obwohl die große Kälte wieder zugenommen hatte, suchten die beiden Verlassenen die Bucht auf, um auch die weiteren Vorräte zu holen, welche die Besatzung dort für sie zurückgelassen hatte; vor allem aber um sich Öl zu verschaffen.

Nachdem sie mehrere Robben auf den Eisschollen gesehen hatten, erlegten sie einige von ihnen, freilich nicht ohne gewisse Schwierigkeiten.

Als der Winter einbrach, waren sie für ihn gerüstet.

Sie hatten ihre Vorräte vergrößert, indem sie mehrere Wölfe getötet hatten, außerdem zwei weitere Bären erlegt, welche sich in die Nähe ihrer Hütte gewagt hatten. So verfügten sie über stattliche Mengen an Fett und Öl, um auch die Lampe gebrauchen zu können.

Die langen Polarnächte hatten begonnen. Jetzt zeigte sich die Sonne nicht mehr am Horizont und düstere Nebel, die nur selten von dem blutigen Glanz der polaren Morgenröte durchbrochen wurden, umhüllten die immense Eiswüste.

Schreckliche Schneestürme folgten einander, die Kälte nahm immer mehr zu und so waren die beiden Unglücklichen gezwungen, eingesperrt in ihrem eisigen Gefängnis, Woche um Woche zu bleiben. Dennoch langweilten sie sich nicht, sondern verbrachten die Tage damit, neue Kleidung aus den Fellen der getöteten Tiere herzustellen oder miteinander lange Gespräche zu führen oder Pläne zu schmieden.

Als sich die Stürme beruhigten, liefen sie über Schneefelder, um sich abzuhärten und in Form zu bleiben.

Endlich ging der Winter zu Ende und nach 160 Tagen zeigte sich die Sonne wieder, was die beiden Verlassenen zu einem herzlichen Beifall veranlasste. Die Kälte verringerte sich zusehends und der Schnee schmolz.

Der Zeitpunkt des Aufbruchs war gekommen.

Eines schönen Morgens verließen der Kapitän und Torp – nicht ohne Bedauern – ihre Hütte, um eine der dänischen Faktoreien aufzusuchen, wo sie hofften, einen Walfänger zu finden, der sie zurück in ihre Heimat bringen würde.

Der Marsch durch die Eiswüste war ganz schrecklich, aber nach sechs Wochen Quälerei durch Schnee und Eis gelangten der Kapitän und sein Begleiter nach

Juliasbad, einer der kleinsten Kolonien Dänemarks, die vorzugsweise von Walfängern aufgesucht wurde.

Es ist nicht notwendig, das Erstaunen der Bewohner zu beschreiben, als sie die beiden Männer aus der riesigen Halbinsel auftauchen sahen, von denen sie bislang angenommen hatten, dass sie längst wieder in ihre Heimat zurückgekehrt seien.

Der Kapitän und Torp, die man beide dort sehr gut kannte, fanden die herzlichste Aufnahme im Haus des Gouverneurs, wo sie auch bleiben durften, bis das erste Walfangschiff ankam.

Drei Monate später kehrten sie endlich wieder in ihre Heimatstadt zurück, wo sie trauernd erfahren mussten, dass man von ihrem Schiff nichts mehr gehört habe; es hätte bereits vor gut neun Monaten dort eintreffen müssen.

Wahrscheinlich war die »Karasi«, von den Eisblöcken an der Bucht bedrängt, zermalmt und mitsamt der gesamten Besatzung vom Meer verschlungen worden, ohne irgendwelche Spuren zu hinterlassen.

Lawinen im Ural

(Le valanghe degli Urali)

Ins Deutsche übersetzt von
Gerd Frank

Das Uralgebirge, das über eine sehr lange Strecke Europa von Asien trennt, vergleichbar etwa mit unseren Alpen, hat eine traurige Berühmtheit wegen seiner Lawinen erlangt.

Jedes Jahr wird nämlich im Winter eine große Anzahl von Hütten vollständig zerstört, manchmal werden sogar ganze Dörfer – zusammen mit ihren Bewohnern – unter den gewaltigen Schneemassen begraben; die Opfer gehen in die Hunderte.

Es sind die ungestümen und kalten Winde aus dem benachbarten Sibirien, welche diese gefürchteten Katastrophen verursachen.

Die spärliche Bevölkerung an den Flanken der Berge muss dem Winter erheblichen Tribut zollen. Vor einigen Jahren lebte in einem Teil dieses Gebirges eine Familie, die aus einem schon betagten Vater, einem ehemaligen Bergmann und zwei Jungen, die 15 und 10 Jahre alt waren, bestand.

Der Bergmann hatte ein Blockhaus errichtet, eine ›Isba‹, wie die russischen Bauern sagen und sich bemüht, es derart zu befestigen, dass es diesen Lawinen widerstehen konnte. Außerdem hielt er sich vier Ziegen aus Tibet und hatte seinen Kindern beigebracht, sie weiden zu lassen.

Während die Kinder oft durch die Schluchten der

Berge zogen, stieg der Bergmann zu den Flüssen ins Tal hinab, um dort den Sand zu waschen, um Goldkörner zu finden. Dies war eine mühsame, andererseits aber auch ertragreiche Arbeit.

An regnerischen Tagen, wenn das Übermaß an Wasser diese Tätigkeit verhinderte, begab sich Gurko, so hieß der Alte, in die Wälder, um Bären zu jagen, von denen es sehr viele in den Bergen gab.

Am Abend molk er zusammen mit den Kindern die Ziegen und bereitete das Essen, das zwar kärglich war, aber der kleinen Familie, die von morgens bis abends arbeitete, vorzüglich schmeckte.

Der Sommer war glücklich vergangen. Gurko hatte eine bescheidene Ernte an Gold eingebracht und die Kinder hatten den Schuppen der Blockhütte mit Holz gefüllt, um sich vor dem strengen Winter zu schützen. Nachdem die Vorräte erneuert worden waren, hatte man ein Stückchen Land zusätzlich erworben, das sich auf der gegenüberliegenden Seite des Berges befand.

Anfang Dezember war in großen Flocken Schnee gefallen und hatte die Schluchten und Wälder bedeckt; insbesondere auf den Gipfeln der Bergkette häufte er sich in außerordentlichen Mengen.

Der alte Gurko war gezwungen, seine Arbeit zu unterbrechen, dies galt natürlich auch für seine Jagdzüge. Deshalb suchte er nun vor allem mit den Kindern und den Ziegen Zuflucht in der Hütte.

Er hätte auch nicht gewagt, sie allein zu lassen, denn er wusste, dass der Schnee die Bären ins Tal hinunter trieb und in der Tat hatte er schon mehrmals einen von ihnen brummen gehört.

Noch mehr Angst hatte er vor Lawinen. Was wäre geschehen, wenn einer der beiden Jungen auf einem ihrer Streifzüge von einem solchen Unglück überrascht worden wäre? Die armen Burschen wären zweifellos sofort umgekommen, sie waren doch noch viel zu klein, um eigenständig zu denken, außerdem nicht imstande, diese schroffen Berge zu überqueren, um zum nächsten Dorf zu gelangen.

Wenn auch Kälte und Vorsicht sie zwangen, sich in der Isba aufzuhalten, vergeudeten sie dennoch nicht nutzlos ihre Zeit.

Gurko, dem sein Erstgeborener half, stellte neues Gerät her, um mit dem goldhaltigen Sand zu arbeiten, präparierte die Felle der Tiere, welche er bei seinen Streifzügen getötet hatte, oder besserte Kleidung aus, eine Tätigkeit, die er nach dem Tod seiner Frau hatte übernehmen müssen. Der jüngere Sohn kümmerte sich um die Ziegen, indem er ihnen zu fressen gab und sie morgens und abends molk.

Der Winter war schon zur Hälfte vorbei, ohne dass es zu irgendeinem Zwischenfall gekommen wäre und Gurko begann sich schon darüber zu freuen, als an einem recht unangenehmen Tag – während sie am Tisch saßen und ihre Mehlsuppe mit Milch verzehrten – plötzlich ein schreckliches Getöse zu hören war.

Gurko war bleich geworden und aufgestanden; zu den beiden Jungen sagte er:

»Jetzt ist eine Lawine ins Tal herabgerollt. Das muss ganz in unserer Nähe geschehen sein.«

Dann verließ er, nachdem er die beiden Jungen beruhigt hatte, den Schuppen. Eine riesige Lawine, welche sich vom Gipfel des Paulinskoj, dem höchsten Punkt dieser Gebirgskette, gelöst hatte, war ins Tal abgegangen. Dabei hatte sie auf ihrem wütenden Lauf eine große Anzahl alter Buchen zerschmettert und war anschließend in eine tiefe Schlucht gerollt.

Gurko, der zum Gipfel geblickt hatte, stellte fest, dass die Schneemassen derart riesig waren, dass sie wohl auch eine ernsthafte Gefahr für seine Hütte darstellten. Neue Lawinen schienen sich anzukündigen und eine von ihnen konnte zweifellos auch der kleinen Familie Schaden zufügen.

»Es ist nötig, wegzuziehen«, dachte der alte Bergmann. »Das Leben meiner Kinder ist zu kostbar.«

Wegziehen! Es war einfach, das so daherzusagen, aber wie sollte das umgesetzt werden? Das nächste Dorf lag mehr als zehn Meilen Fußmarsches entfernt auf der gegenüberliegenden Seite der Gebirgskette und alle Pässe des Gebirges waren aufgrund der ungeheuren Schneemassen unpassierbar geworden.

Und wie konnte man es riskieren, diese Gipfel und Schluchten bei der extrem herrschenden Kälte zu überwinden? Könnten die beiden Jungen die Strapazen überhaupt aushalten?

Gurko, der in diese Gedanken tief versunken war, kehrte in die Hütte zurück, wonach er vergeblich versuchte, seine Besorgnis vor den Kindern zu verbergen.

»Vater«, sagte Nikolaj, der Erstgeborene. »Ist eine Lawine niedergegangen?«

»Ja, mein Sohn«, antwortete der Bergmann. »Aber du brauchst dich nicht zu fürchten, wir sind nicht in Gefahr.«

»Ich habe keine Angst vor dem Schnee«, sagte der kleine Michail. »Nicht einmal meine Ziegen fürchten sich vor Lawinen.«

»Geh' ins Bett und schlafe ruhig«, sagte Gurko. »Unsere Isba ist sicher.«

Er führte sie in ihre Kammer, und als er sie dann schnarchen hörte, kehrte er noch einmal in den Schuppen zurück.

Er war mittlerweile sehr unruhig geworden und fühlte instinktiv, dass eine große Gefahr im Anzug war.

Draußen tobte und pfiff ein starker Wind, der vom eisigen Sibirien herkommend, schreiend und brüllend nun die Gebirgskette des Ural heimsuchte. In den Wäldern hörte man das heisere Geheul der Wölfe und in der Ferne vernahm man ein dunkles Donnern, das weitere Lawinenabgänge ankündigte.

»Sogar die Wölfe scheinen unruhig zu sein«, dachte der Bergmann laut. »Was für ein Unglück wird heute Nacht passieren?«

Er blieb noch ein wenig im Schuppen, der dem Schneeregen ausgesetzt war, den der Wind über die Abhänge gefegt hatte; dann ging er wieder hinein und setzte sich erneut an den noch brennenden Ofen.

Die beiden Jungen schliefen friedlich und schnarchten. Es sah so aus, als ob die drohende Gefahr noch einmal an ihnen vorübergegangen wäre. Dennoch spürte Gurko, wie seine Besorgnis wuchs. Deshalb achtete er besonders aufmerksam auf die immer deutlicher zu vernehmenden Geräusche der sibirischen Winde.

Schließlich ermüdete ihn die lange Nachtwache und er schlief am Ofen ein.

Wie lange mochte er geschlafen haben? Er konnte es nicht wissen.

Unvermittelt wurde er durch das Geheul von Wölfen geweckt. Es schien, als seien die Tiere auf der Flucht, wobei sie an der Hütte vorbeikamen. Plötzlich drang ein dumpfes Geräusch, das sich in unglaublicher Schnelligkeit verstärkte, an seine Ohren. Rasch stürzte er zur Tür, denn er befürchtete, dass eine Katastrophe kurz bevorstünde.

Schon wollte er öffnen, als die ganze Hütte schrecklich erzitterte.

»Nikolaj! Michail!«, rief der Vater und stürmte eilig in Richtung der Schlafkammer. »Flieht! Die Lawine!«

Die beiden Jungen, die durch die Rufe des Vaters und das Blöken der Ziegen geweckt worden waren, sprangen mit einem Satz aus ihrem Bett und rannten zu ihm.

Im selben Augenblick erlitt die Hütte eine zweite Erschütterung, die noch schrecklicher war als die erste und einige Balken stürzten auf den Boden, wo sie zerbrachen.

Gurko packte seine beiden Söhne und stürzte direkt auf die Tür zu, musste jedoch sofort zurückweichen. Der Durchgang war mit Schnee verschlossen, der sich vor der Hütte in riesigen Massen angehäuft hatte. Eine erste Lawine hatte dieselben zum Teil überdeckt und eine zweite das Ganze dann vollständig verschüttet, wobei Tür und Fenster blockiert worden waren.

Der Bergmann glaubte sich zunächst verloren, als er dann aber sah, dass die Hütte trotz des gewaltigen Gewichts, das sie nun zu tragen hatte, nicht eingestürzt war, begann er neue Hoffnung zu schöpfen.

»Weint nicht, meine Kinder!«, sagte er zu Nikolaj und Michail, die sich, zitternd vor Kälte und Angst, an ihn drückten. »Gott hat uns beschützt und vielleicht wird er uns auch jetzt nicht verlassen.«

»Werden wir nicht ersticken, Vater?«, fragte Nikolaj.

»Wir wollen versuchen, ein Luftloch zu öffnen«, sagte der Bergmann. »Ich weiß nicht, wie viel Schnee sich vor und auf unserer Hütte angesammelt hat, aber wir dürfen nicht den Mut verlieren. Sind die Ziegen tot?«

»Nein, Vater«, antwortete Michail. »Sie sind in unsere Kammer geflüchtet.«

»Nun, dann ist wenigstens für unsere Nahrung gesorgt.«

Der alte Gurko versuchte, sich vor seinen Söhnen ganz ruhig zu zeigen, aber in seinem Inneren war er alles andere als das.

Möglicherweise hatten die beiden Lawinen ein gewaltiges Ausmaß gehabt und vielleicht konnte er irgendwie eine Art Stollen graben, der ihm ermöglichte, nach draußen zu gelangen und sich zusammen mit Michail und Nikolaj zu retten.

Vor allem musste er sich zunächst davon überzeugen, dass das Dach der Hütte nicht zu sehr gelitten hatte und ob es noch in der Lage war, dem enormen Gewicht länger standzuhalten. Wenn es einstürzte, bedeutete dies den Tod für alle.

Unterstützt von Nikolaj, der sich schnell von dem erlittenen Schrecken erholt hatte, untersuchte er die Balken und sah, dass – von wenigen Ausnahmen abgesehen – die meisten auf wundersame Weise den beiden Lawinen widerstanden hatten. Dennoch galt es, die Balken zu verstärken, denn von den Berggipfeln her konnten jederzeit noch mehr Schneemassen herabkommen.

Das Holz der Isba hatte nicht gelitten, zudem gab es noch viele Pflöcke, die man gut dazu verwenden konnte, einen neuen Schuppen zu bauen. Der alte Bergmann begann sogleich eifrig mit der Arbeit, setzte Tragbalken ein und zog die Wände hoch.

Er war gerade damit fertig geworden, als Nikolaj eine Bemerkung machte.

»Vater«, sagte er, »glaubst du, dass die Luft noch erträglich wäre, wenn die Schneelast nirgendwo unterbrochen wäre?«

»Nein«, sagte der Vater mit überraschend froher Stimme. »Ich hatte schon Angst gehabt, dass wir ersticken könnten, aber jetzt, wo du richtig darauf hingewiesen hast, werden wir einwandfreie, reine Luft haben.«

»Was für eine Öffnung haben denn die Lawinen offen gelassen?«

»Vielleicht irgendeinen Spalt, Nikolaj.«

»Dann ist es in diesem Fall nicht mehr nötig, einen Durchgang zu graben.«

»Wegen der Luft nicht, aber wegen uns schon, mein Söhnchen. Wie sollten wir den Winter – unter diesem Schnee begraben – sonst überstehen?«

»Vielleicht hat ja irgendein Bergmann die Katastrophe bemerkt, Vater.«

Gurko schüttelte den Kopf und machte eine Bewegung des Zweifels.

»Wir sind zu weit weg von häufiger besuchten Orten«, sagte er dann. »Aber wir wollen nicht den Mut verlieren, meine Kinder, und auf Gott vertrauen.«

Der alte Bergmann hegte dennoch Zweifel, ob es gelingen konnte, sein Vorhaben in die Tat umzusetzen, nämlich den langen Winter unter diesen Lawinen zu verbringen. Andererseits bestand angesichts der vorhandenen Vorräte keine Gefahr zu verhungern, bevor das Tauwetter einsetzte.

Denn glücklicherweise hatte er sich um die Beschaffung von Vorräten gekümmert, noch bevor der erste Schnee gefallen war; somit war Verknappung nicht zu erwarten. Es gab jede Menge Roggen, um den Brei herzustellen, den Russen häufig essen; außerdem gab es Trockenfisch, Kaffee, Tee und ein halbes Fass Mehl, mit dem man Fladen backen konnte.

Und dann waren da ja noch die vier Ziegen, welche eine ausreichende Versorgung mit Milch gewährleisteten. Weil er auch viel Heu angesammelt hatte, hoffte er, sie während des Winters genügend füttern zu können.

»Auch wenn wir keinen Stollen öffnen können, werden wir nicht an Hunger sterben«, sagte er daher zu Nikolaj. »Wir haben Vorräte für zwei Monate und sogar noch länger.«

»Und auch an Holz wird es uns nicht mangeln, Vater. Wenn wir uns durch den Schnee graben, können wir den Schuppen erreichen, in dem sich genügend trockene Äste befinden.«

»Ja, Nikolaj«, bekräftigte Gurko. »Aber ich möchte trotzdem lieber weg. Es könnten weitere Lawinen abgehen und die enormen Schneemassen könnten unser Dach durchschlagen und uns ersticken. Morgen werden wir versuchen, den Stollen zu graben.«

Die darauffolgende Nacht verbrachte nicht nur der

alte Bergmann voller Angst, sondern auch seine beiden Kinder. Jeden Augenblick wurden sie wach, weil sie glaubten, die Hütte sei von einer neuen Lawine begraben worden. Bei jedem Knarren der Balken, das sie hörten, sprangen sie aus ihren Betten und wurden zum Opfer von tausend Ängsten, dass alles zusammenbrechen könnte.

Doch ihre Befürchtungen waren unbegründet, die Hütte widerstand auf wundersame Weise. Dem Bergmann war es allerdings so vorgekommen, als habe er mehrfach das dumpfe Donnern weiterer Lawinen vernommen.

Am darauffolgenden Tag beschlossen sie, die Situation, die für sie alle einfach zu qualvoll war, zu beenden. Sie versuchten daher, einen Stollen zu graben, der ihnen das Verlassen ihrer Zufluchtsstätte ermöglichen könnte, weil er mittlerweile einfach zu gefährlich geworden war.

Der Bergmann hatte bereits während der Nacht festgestellt, dass auch das Dach der Isba beachtlich beschädigt worden war und einige Balken zerbrochen waren. Jede neuerliche Lawine, die abging, würde es mit Sicherheit vollständig zusammenbrechen lassen. Er sagte den beiden Jungen nichts davon und begann stattdessen mit der Arbeit, wobei er zunächst den Schnee vor der Tür beseitigte, um dann vor allem den Schuppen vom Schnee zu befreien.

Während er versuchte, sich einen Durchgang zu verschaffen, waren die beiden Jungen damit beschäftigt, den Schnee aufzutauen, damit dieser nicht die ganze Hütte ausfüllte. In eine Wand hatten sie ein Loch gebohrt, durch das sie das Schmelzwasser abfließen ließen, welches sie durch Ofenhitze gewonnen hatten.

Der alte Gurko arbeitete beharrlich, wobei er sich einer Hacke und einer Schaufel bedient; zeitweise half ihm auch der brave Nikolaj dabei. Nachdem er den Schuppen vom Schnee befreit hatte, nahm er sich beherzt die gewaltige Lawinenmasse vor, indem er eine Art Stollen grub, der einen Durchlass ermöglichen sollte.

Die Arbeit dauerte nicht sehr lange. Er hatte soeben einen Stollen von einigen Metern gegraben, als er plötzlich vor gewaltigen Eisklumpen stand, die zweifellos von der Lawine herbefördert und rund um die Isba angehäuft worden waren.

Da nahm er sich vor, sie zu beseitigen, erkannte aber schnell, dass er nicht die erforderliche Kraft besäße, dem enormen Gewicht der Lawine standzuhalten. Plötzlich stürzte der frisch gegrabene Stollen wieder ein und Gurko lief mehrmals Gefahr, von den niederprasselnden Massen verschüttet zu werden.

»Meine Kinder«, sagte er, nachdem er traurig wieder in die Hütte zurückgekehrt war, »ergeben wir uns in unser Schicksal.«

»Was willst du damit sagen, Vater?«, fragte Nikolaj.

»Nichts weiter, als dass wir eingesperrt sind und den ganzen Winter hier in unserer Hütte verbringen müssen.«

»Wird sie das aushalten?«, fragte Nikolaj.

»Das weiß nur Gott, mein Söhnchen.«

»Können wir sonst nichts versuchen?«

»Nein, nichts, Nikolaj. Die Eismassen versperren den Weg nach allen Seiten. Wir müssen uns mutig all den drohenden Gefahren stellen und hoffen, dass wir danach unsere Berge wieder sehen werden.«

Nachdem sie den Schuppen geleert hatten, der zum Teil mit dem Holz angefüllt gewesen war, das die beiden Jungen gesammelt hatten, brach ihn der Bergmann ab, um mit einigen Pfählen und Balken das Dach der Hütte zu verstärken und zu reparieren. Unterstützt von seinen Söhnen, die wie vier Leute arbeiteten, um sich ihres Vaters würdig zu erweisen, setzte er neue Hauptbalken, Wände sowie Tür- und Fensterpfosten ein.

In dieser Hinsicht beruhigt, teilte er dann die Lebensmittel in entsprechende Rationen ein, damit sie es bis zum einsetzenden Tauwetter schaffen würden. Auch die Vorräte an Heu für die Ziegen teilte er langfristig ein und presste diese für die Aufbewahrung zusammen, damit sie sicher über Milch verfügen konnten.

Auf diese Weise bereiteten sich der Bergmann und die beiden Kinder auf ein echtes Robinsonleben in Gesellschaft ihrer Ziegen vor – begraben unter einer unvorstellbar großen Schneemasse.

Die ersten Tage waren indes nicht frei von ernsthaften Ängsten, geschürt durch das ständige Knarren des Gebälks, aber schließlich gewöhnten sie sich sogar daran.

Um sich über die Lage hinwegzutäuschen, arbeiteten alle. Gurko, der in vielen Dingen sehr erfahren war – wie es nahezu alle russischen Bauern sind – fertigte Werkzeuge an, bearbeitete Holz, gerbte die Felle, die er während des Sommers angesammelt hatte, oder stellte neue Kleidung aus den warmen Bärenpelzen für die Kinder her.

Nikolaj, der Geschicktere der beiden Brüder, half

dem Vater bei verschiedenen Arbeiten und beschäftigte sich mit dem Kochen, während Michail, der noch zu klein war, um der Familie richtig nützlich zu sein, die Ziegen besänftigte und mit ihnen die Zeit verbrachte.

So vergingen die Tage der armen Verschütteten ziemlich unbeschwert. Sie klagten lediglich über die außergewöhnliche Feuchtigkeit, die durch die Ofenhitze erzeugt wurde, die in der Hütte herrschte.

Als der um die Hütte liegende Schnee zu schmelzen begann, tropfte reichlich Wasser durch die Dachritzen und machte alles Mögliche nass, sogar die Betten der beiden Jungen. Abgesehen von diesem unangenehmen Vorgang, der absolut unvermeidlich war, verlief das Leben dieser lebendig Begrabenen nicht sonderlich traurig. Von Zeit zu Zeit fühlten sie aber dann doch wieder echte Angst, wenn über den Bergen wilde Schneestürme tobten. Obwohl sie unter dem Schnee verschüttet lebten, so hörten sie dennoch ganz deutlich ein tausendfaches Gebraus, welches die heftigen Stürme verursachten.

Und sie vernahmen das ferne Grollen der Lawinen und manchmal das wütende Brüllen der sibirischen Winde. Jetzt begannen die Balken ihrer Hütte unter den unaufhörlichen weiteren Schneemassen, welche von den Berggipfeln herunterrollten, schaurig zu krachen und die Wände erbebten von Erschütterungen, welche den Bergmann erbleichen ließen.

Mitte Februar, nachdem sie zwei lange Monate eingesperrt gewesen waren, deutete sich eines Morgens an, dass es die Hütte, die bislang dem enormen Gewicht standgehalten hatte, nicht mehr lange machen würde.

Eine der Wände war bedrohlich gekrümmt und einige Balken, welche unter der Feuchtigkeit gelitten hatten, drohten herabzufallen.

»Vater«, sagte Nikolaj, der das als Erster bemerkt hatte, »unser Ende ist nahe! Die Hütte wird nicht mehr lange standhalten.«

»Wir müssen alles tun, um hier herauszukommen«, sagte der alte Bergmann mit besorgter Stimme. »Ich weiß nicht, ob unsere Isba morgen noch stehen wird. Wenn dir das Leben lieb ist, hilfst du mir, mein Sohn, den Durchgang wieder zu öffnen.«

Die Gefahr nahm zu. Dach und Wände knarrten immer mehr und das Gebälk schien sich zu verschieben. Glücklicherweise war der Stollen, den der Bergmann vor zwei Monaten gegraben hatte, noch nicht verschlossen. In der Tat hatte sich eine Art Eisgewölbe gebildet, welches verhindert hatte, dass der darüber liegende Schnee nach unten sank.

Der Bergmann befürchtete eine plötzlich eintretende Katastrophe, veranlasste auch Michail und die Ziegen, den Raum zu verlassen und verwahrte dann in dem Schuppen, der so aussah, als ob er sich noch in passablem Zustand befände, seine Vorräte und die wenigen Habseligkeiten.

»Wir müssen uns beeilen, Nikolaj!«, sagte er. »Jetzt ist der Moment gekommen, dich als Mann zu erweisen und auch zu arbeiten wie ein Mann.«

Sie begaben sich beide mit Hacken und Schaufeln in den Stollen und bearbeiteten mit gehöriger Wut die gefrorene Kruste, welche die gesamte Hütte zu umgeben schien.

Der kleine Michail trug die herausgebrochenen Trümmer in einem Korb in den Schuppen, damit Vater und Bruder in Ruhe weiterarbeiten konnten.

Als diese nach mehrstündiger Arbeit in die Isba zurückkehrten, stellten sie erschrocken fest, dass das Dach im Begriff war, einzustürzen und auch die Wände größtenteils eingedrückt waren.

Die Hütte widerstand nicht länger dem gewaltigen Gewicht. Sie stand kurz vor dem Einsturz, was den armen Unglücklichen jegliche Zuflucht nehmen würde. Sogar die Ziegen waren nun unruhig geworden, blökten unentwegt und versuchten, sich in den Stollen zu flüchten, trotz der Bemühungen des kleinen Michail, dies zu verhindern.

»Wir können nicht mehr hier bleiben«, sagte Gurko. »Die Hütte ist verloren für uns.«

»Und wenn sie einstürzt und wir unsere Arbeit nicht mehr fortsetzen können, was wird dann aus uns, Vater?«, fragte Nikolaj mit deutlich veränderter Stimme.

»Wir wollen arbeiten, Sohn«, antwortete der arme Vater ausweichend und warf einen verzweifelten Blick auf seine beiden Kinder.

Sie waren gerade dabei, weitere Eismassen zu entfernen, als ein schreckliches Getöse sie anhielt. Die kleine Hütte war endgültig zusammengebrochen, weil die enormen Schneemassen auf das Dach gedrückt worden waren und dabei alles unter sich begraben hatten. Lediglich der Schuppen hatte – wie durch ein Wunder – standgehalten, was dem kleinen Michail und den vier Ziegen das Leben gerettet hatte.

»Vater«, sagte Nikolaj, »wir sind verloren.«

Gurko gab keine Antwort; er hatte sich an das Ende des Stollens begeben, um dort aufmerksam zu lauschen. Es war ihm so vorgekommen, als habe er über seinem Kopf ein dumpfes Geräusch gehört.

»Vater«, sagte Nikolaj, »was hörst du?«

»Ich höre Lärm«, sagte der Alte. »Es scheint, als ob die Eiskruste aufgehackt würde …«

»Ob da jemand zu unserer Rettung gekommen ist?«

In diesem Moment hörten die Unglücklichen deutlich das Gebell eines Hundes.

Gurko hatte einen Schrei ausgestoßen:

»Sie suchen uns!«

Einen Augenblick später brach die Eisdecke durch und man hörte eine Stimme rufen:

»Lebt ihr noch?«

»Wer seid ihr? Hat Gott euch geschickt?«, fragte der Bergmann mit zitternder Stimme.

»Wir wohnen in Karsow in den Bergen«, antwortete die Stimme von vorhin, »und kommen, um euch zu helfen.«

»Gott sei Dank! Ihr seid gerade rechtzeitig gekommen, um uns zu retten«, antwortete der Bergmann.

Kurze Zeit danach stürzte ein Teil der Eiskruste mit Getöse herab und begrub zu einem Teil auch den Bergmann, Nikolaj und Michail.

In dem entstandenen Loch erschienen einige Männer.

Es waren acht Bergbewohner aus Karsow. Ein Bärenjäger hatte sie benachrichtigt, dass die Hütte von einer Lawine verschüttet worden sei. In der Folge hatten sie 48 Stunden mit Hochdruck gearbeitet, um die Unglücklichen zu befreien; wie wir gesehen haben, waren sie gerade noch rechtzeitig gekommen.

Nachdem klar war, dass die Lawinengefahr vermindert war, hatten sie ihre Anstrengungen verdoppelt, einen schräg verlaufenden Stollen gegraben und waren dann in der Lage gewesen, auch die letzte Eiskruste zu zersplittern.

Der Bergmann und seine beiden Söhne, die auf wundersame Weise gerettet worden waren, wurden nur wenige Stunden danach von den Bewohnern Karsows, die alle zusammengeströmt waren, um sie zu sehen, aufs Herzlichste aufgenommen.

Nachwort

Emilio Salgari (1862–1911), der hierzulande oft als der italienische Karl May angepriesen wird, war und ist bis heute einer der bekanntesten Autoren seines Heimatlandes. Er verfasste vorwiegend zeitgenössische *(bezogen auf seine Zeit)* und auch historische Abenteuerromane, die seine Protagonisten in alle Welt führten. Sein Œuvre umfasst rund 90 Romane und mehr als 150 kürzere Erzählungen, von denen vor allem seine mehrbändigen Romane um den malaiischen Piraten Sandokan und den italienischen Piraten Emilio di Roccabruna, Herr von Valpenta und Ventimiglia – genannt der Schwarze Korsar – auch im deutschen Sprachraum bekannt sind.

Nur ein Bruchteil seines immensen Gesamtwerks fand auch seinen Weg in die deutschsprachigen Buchläden. Das sind ein gutes Drittel seiner Romane und nur einige wenige Kurzerzählungen[1].

Salgari, der zeit seines Lebens sein Geld schneller ausgab, als er es verdienen konnte, war förmlich gezwungen, bis zur Erschöpfung zu schreiben. Er nutzte

---

[1] Dabei handelt es sich vor allem um mehrere Erzählungen, die durch eine Rahmenhandlung zu dem Roman *»Le novelle marinaresche di Mastro Catrame«*, der hierzulande unter dem Titel *»Obermatrose Teer«* erschienen ist, verbunden wurde. Eine weitere Kurzerzählung erschien im Jahr 2013 im Verlag *»Edition Dornbrunnen«*. Dazu mehr im weiteren Text.

beinahe jede sich bietende Gelegenheit, seine Texte bei Verlagen unterzubringen. Viele verfasste er unter Pseudonym, um seinen Verlegern zu verbergen, dass er auch für andere Herausgeber arbeitete. So schrieb er unter anderem unter dem Namen Guido Altieri 67 kürzere Erzählungen für die Heftserie *»Bibliotechina Aurea illustrata«*, von denen der Verlag *»Edition Dornbrunnen«* im Jahr 2013 die Erzählung *»Ein Drama in der Luft«*, erstmals in deutscher Sprache publizierte[1].

Diese deutsche Erstausgabe einer der kürzeren Salgari-Erzählungen machte einige Leser des Buches neugierig auf mehr, sodass sich der Verlag dazu entschlossen hat, einen weiteren Band mit fünf Erzählungen der *»Bibliotechina Aurea illustrata«* zu veröffentlichen, die die Helden der Geschichten in polare Gegenden führt, wo sie ganz verschiedene Abenteuer zu bestehen haben[2].

Zu allen Erzählungen liegen originale Illustrationen vor. Da diese zur Zeit noch immer urheberrechtlich geschützt sind und sich die Rechtsnachfolger leider nicht ermitteln ließen, verzichtet der Verlag darauf, diese in den Band mit aufzunehmen; dazu kommt, dass sie dem Verlag bisher meist nur in sehr mäßiger Qualität vorliegen, sodass eine Verwendung schon aus diesem Grund ausscheidet.

Dennoch hoffe ich, dass die Salgari-Leser trotzdem

---

[1] Enthalten im Sammelband *»Ein Drama in den Lüften«*, der mehrere Erzählungen verschiedener Autoren enthält, die alle mehr oder weniger eine ähnliche Geschichte erzählen, wie die von Jules Verne verfasste Titelerzählung.

[2] Die Erzählungen erschienen in den Heften 91, 83, 87, 110 und 126 der *»Bibliotechina Aurea illustrata«*. Dabei fällt auf, dass die Auftaktgeschichte um den Sibirier Vater Roskow (Heft 91) ursprünglich als letzte der drei zusammengehörenden Erzählungen erschien. Da sie aber von der Handlung her an den Anfang der Reihe gehört, wurde sie in der vorliegenden Ausgabe auch an die erste Stelle gesetzt.

Freude an den kleinen Geschichten haben werden, die hier allesamt erstmals in deutscher Sprache vorliegen.

Sven-R. Schulz

Bücher von Jules Verne in der Reihe Dornbrunnen Taschenschmöker

Jules Verne
Der Graf von Chanteleine

Die Erzählung um die abenteuerliche Flucht des Grafen von Chanteleine, seiner Tochter und seines Diener vor dem Terrorregime der Jakobiner ist einer der frühesten literarischen Prosatexte von Jules Verne, der hier erstmals in deutscher Sprache vorliegt.

132 Seiten – ISBN 978-3-943275-05-6

Jules Verne / Michel Verne:
Der Humbug

Der Band vereint vier kürzere Erzählungen von Jules Verne und seinem Sohn Michel, die im deutschen Sprachraum bisher nahezu unbekannt sind. Zwei der abgedruckten Erzählungen liegen in dieser Veröffentlichung erstmals in deutscher Sprache (DEA) vor.

Jules Verne: *Gil Braltar;* Jules & Michel Verne: *Der Humbug* (DEA); *Das Schicksal des Jean Morénas* (DEA); Michel Verne: *Ein Schnellzug der Zukunft*

103 Seiten – ISBN 978-3-943275-00-1

Mehr Informationen unter: www.edition-dornbrunnen.de

In gleicher Ausstattung sind die folgenden Bände erschienen:

Taschenschmöker aus Vergangenheit und Gegenwart

In der Reihe Taschenschmöker aus Vergangenheit und Gegenwart erscheinen Werke der klassischen Unterhaltungsliteratur, die seit vielen Jahrzehnten nicht mehr oder noch niemals in deutscher Sprache verlegt worden sind.

1. *Jules Verne/Michel Verne*	Der Humbug Vier Erzählungen
2. *Alexandre Dumas*	Eine Amazone Zwei Erzählungen
3. *Gustave Aimard*	Eine mexikanische Rache. Eine Erzählung aus dem wilden Mexiko
4. *Jules Verne*	Der Weg nach Frankreich Roman
5. *Friedrich J. Pajeken*	In Sturm und Not Eine Erzählung
6. *Jules Verne*	Der Graf von Chanteleine Eine Episode aus der Revolutionszeit
7. *Jules Verne/Emilio Salgari/ Karl May u. a.*	Ein Drama in den Lüften Erzählungen aus luftigen Höhen
8. *Alexandre Dumas*	El Salteador Ein Roman aus der Zeit Karls V.
9. *Emilio Salgari*	In der Eiswüste Erzählungen aus arktischen Regionen
10. *Sir John Retcliffe*	Das tote Haus Eine Novelle aus der Zeit des Dreißigjährigen Krieges *(in Vorbereitung)*

– Weitere Bände in Vorbereitung –